Informatik aktuell

Herausgeber: W. Brauer
im Auftrag der Gesellschaft für Informatik (GI)

Klaus Kansy   Peter Wißkirchen (Hrsg.)

Innovative Programmiermethoden für Graphische Systeme

GI-Fachgespräch
Bonn, 1./2. Juni 1992

Springer-Verlag
Berlin Heidelberg New York
London Paris Tokyo
Hong Kong Barcelona
Budapest

Herausgeber

Klaus Kansy
Peter Wißkirchen
Gesellschaft für Mathematik und Datenverarbeitung mbH
Schloß Birlinghoven
Postfach 1316, W-5205 St. Augustin 1

Veranstalter

Gesellschaft für Informatik e.V. (GI),
   Fachgruppe 4.1.1 Graphische Systeme
   Fachgruppe 4.1.3 Graphische Benutzungsoberflächen
Gesellschaft für Mathematik und Datenverarbeitung mbH (GMD), Sankt Augustin

Tagungsleitung

Dr. P. Wißkirchen (GMD, Sankt Augustin)

Programmkomitee

Prof. Dr. G. Barth (DFKI und Universität Kaiserslautern)
Dr. U. Claussen (AITEC, Dortmund)
Dr. D. Eckardt (ZGDV, Darmstadt)
Dr. J. Grollmann (Siemens, München)
Prof. Dr. A. Iwainsky (GFal, Berlin)
Dr. K. Kansy (GMD, Sankt Augustin)
Prof. Dr. F. Nake (Universität Bremen)
Dr. J. Röhrich (FhG-IITB, Karlsruhe)
Prof. Dr. G. Szwillus (Universität-Gesamthochschule Paderborn)
Prof. Dr. W. Wahlster (DKFI und Universität des Saarlandes, Saarbrücken)

CR Subject Classification (1991): D.2, I.3

ISBN-13:978-3-540-55569-8   e-ISBN-13:978-3-642-77581-9
DOI: 10.1007/978-3-642-77581-9

Satz: Reproduktionsfertige Vorlage vom Autor/Herausgeber

33/3140-543210 – Gedruckt auf säurefreiem Papier

Vorwort

Der vorliegende Tagungsband enthält die schriftliche Fassung der Vorträge des GI-Fachgesprächs „Innovative Programmiermethoden für Graphische Systeme" vom 1. und 2. Juni 1992 in Bonn.

Innovative Programmiermethoden verändern wesentlich die Konzeption, den Entwurf und die Implementierung von Graphischen Systemen. Dieses Potential moderner Programmiertechniken soll im vorliegenden Band deutlich gemacht werden. Anwendungsbeispiele demonstrieren, inwieweit diese Programmiertechniken bereits Eingang in die Graphikprogrammierung gefunden haben.

Die graphische Datenverarbeitung hat sich traditionell auf Programmiersprachen wie FORTRAN und damit auf das prozedurale Programmieren gestützt. Neuere Programmiermethoden haben in der kommerziellen Praxis der graphischen Datenverarbeitung aus einer Reihe von Gründen noch keine weite Akzeptanz gefunden. Ebenfalls sind Normen zur graphischen Datenverarbeitung, obwohl sprachunabhängig konzipiert, in vielen Einzelheiten von klassischen, prozedural orientierten Programmiermethoden geprägt.

Durch die breite Verfügbarkeit von Arbeitsplatzsystemen mit graphisch orientierter Benutzungsoberfläche und objektorientierter Entwicklungsumgebung auf der Basis von Smalltalk, C++, Objective-C, CLOS oder Object-Pascal gewinnt der Einsatz objektorientierter Programmiermethoden zur Gestaltung von graphischen Benutzungsoberflächen für die industrielle Software-Entwicklung an Bedeutung. Die Forschung geht darüber hinaus und evaluiert prototypische Graphiksysteme mit Constraints, funktionaler und logischer Programmierung sowie KI-Methoden der Wissensrepräsentation. Interessant sind auch Ansätze zur deklarativen Spezifikation von graphischen Darstellungen auf einem hohen Abstraktionsniveau, die eine Rechnerunterstützung beim graphischen Gestalten ermöglichen.

Der vorliegende Band möchte den aktuellen Stand an ausgewählten Beispielen verdeutlichen. Die einzelnen Artikel beschäftigen sich mit den Themen: neuartige Systemleistungen, wissensbasierte Layoutgestaltung, zweidimensionale Formelsprachen und graphische Benutzungsoberflächen.

Bei den ersten vier Artikeln steht der Einsatz von Techniken der künstlichen Intelligenz für graphische Probleme im Vordergrund.

Dieter Bolz beschreibt ein Operatorverfahren, mit dem Zeichnungen so verändert werden können, daß gewisse zusätzliche Constraints erfüllt werden, ohne bestehende Beziehungen zu stören. Anwendungskontext ist das Verschönern von Skizzen, die derart verändert werden sollen, daß Fehler eliminiert werden, ohne neue Fehler einzuführen.

Markus A. Thies und Frank Berger stellen ein planbasiertes graphisches Hilfesystem vor, das den Interaktionskontext des Benutzers visualisiert. Mögliche Handlungsalternativen werden mittels Computeranimation vorgeführt.

Gerhard Paaß setzt assoziative Verfahren ein, um geometrische Strukturmerkmale von Büroeinrichtungen aus Beispielsgraphiken zu lernen. Mit Hilfe der gelernten Merkmale können Büroeinrichtungen sinnvoll vervollständigt werden.

Wolfgang Maaß hat Lösungsverfahren für Constraint-Probleme entwickelt. Es werden Constraints untersucht, die bei der deklarativen Spezifikation von Layoutzusammenhängen in Text-Graphik-Dokumenten auftreten.

Editoren für zweidimensionale Sprachen (z.B. für mathematische Formeln oder Strukturdiagramme) werden in den folgenden zwei Artikeln behandelt.

Jochen Benary beschreibt ein Metasystem zur effizienten Generierung von Nutzungsoberflächen für zweidimensionale Sprachen.

Robert Gabriel entwickelt ein softwaretechnologisches Modell für das Editieren und Manipulieren von zweidimensionalen Strukturen und konkretisiert es anhand einer Implementierung.

Die drei letzten Artikel befassen sich mit der Gestaltung von Benutzungsoberflächen.

Peer Griebel, Manfred Pöpping und Gerd Szwillus wollen den interaktiven Entwurf von graphischen Benutzungsoberflächen auf OSF/Motif unterstützen, wobei neben statischen auch dynamische Objekte betrachtet werden.

Thomas Kühme und Matthias Schneider-Hufschmidt erläutern am Beispiel von SX/Tools Konzepte zur Entwicklung adaptierbarer Benutzungsoberflächen durch direktes Zusammenstellen von Schnittstellenobjekten.

Dennis Dingeldein beschreibt die objektorientierte Modellierung von Interaktionstechniken in THESEUS++ und den Einsatz von Constraints zur Beschreibung von gewünschten Bedingungen zwischen Präsentationen und Attributen.

Die neun Artikel in dem vorliegenden Sammelband können die Möglichkeiten innovativer Programmiermethoden im Kontext der Graphik sicherlich nicht vollständig abdecken. Sie zeigen aber deutlich Schwerpunkte aktueller Forschungs- und Entwicklungsarbeiten.

Bei der Vorbereitung und Durchführung einer Tagung ist die Zusammenarbeit vieler notwendig, um ein gutes Programm zusammenzustellen und das Gelingen der Tagung zu sichern. Für die Mithilfe bei der Gestaltung und Organisation des GI-Fachgesprächs „Innovative Programmiermethoden für Graphische Systeme" gilt unser besonderer Dank

- den Vortragenden, deren fachliche Beiträge dieses Fachgespräch ermöglicht haben,

- den Mitgliedern des Programmkomitees, die die einzelnen Beiträge ausgewählt und fachlich betreut haben, und

- Frau Harms, die das Tagungssekretariat mit großem Einsatz geführt hat.

Sankt Augustin, im April 1992   K. Kansy
P. Wißkirchen

Inhaltsverzeichnis

Operatorbasierte Modifikation objektorientierter Graphiken

oder

Wie verschönert man eine Zeichnung?

Dieter Bolz*
GMD
Postfach 1316
D-5205 Sankt Augustin 1
bolz@gmdzi.gmd.de

Zusammenfassung

Bisherige Arbeiten im Bereich deklarativer Graphik befaßten sich in der Mehrzahl mit dem Problem, wie man eine Zeichnung aus einer vorgegebenen Beschreibung, etwa in der Form von Constraints, synthetisiert oder wie man gewisse Bedingungen bei interaktiver Veränderung der Zeichnung durch einen Benutzer beibehält. In diesem Beitrag soll ein Verfahren beschrieben werden, das geeignet ist, eine gegebene Zeichnung gemäß einer Menge von Constraints zu *verändern*. Der Anwendungskontext dabei ist, daß die neuen Bedingungen automatisch aus der Graphik abgeleitet werden mit dem Ziel, sie zu verschönern. Das Verfahren kann als eine Verallgemeinerung der Technik der Constraint-Propagierung in Richtung auf ein KI-Planungsverfahren angesehen werden und stellt als solches eine neuartige Programmiermethode für graphische Systeme dar.

1 Problemstellung aus Anwendungssicht

Mit modernen Graphikprogrammen kann man leicht und bequem Zeichnungen erstellen. Ihnen fehlt jedoch eine Funktion, die bei Textverarbeitungsprogrammen mittlerweile Standard ist, nämlich eine Korrekturhilfe. Wir denken hier an eine Korrektur für die Graphik selbst, also eine Art „graphischer spelling checker". Zu viele Fehler und Ungenauigkeiten schleichen sich aus Bequemlichkeit oder Unkenntnis ein.

In [2] wurde beschrieben, welche Vorteile ein automatisches System zur Korrektur und Verschönerung interaktiv erzeugter Zeichnungen haben kann. Dieser *Beautifier* analysiert eine eingelesene oder interaktiv erzeugte Zeichnung, bestimmt fehlerhafte, ungenaue oder optisch nicht ansprechende Teile darin und nimmt schließlich automatische Korrekturen vor.

In Abbildung 1 sehen wir ein Beispiel eines Laufs des Beautifiers über eine Zeichnung. Das Original ist zu finden in [8, pp. 179], wir haben es nachgezeichnet, leicht vereinfacht und manche Fehler akzentuierter dargestellt. Es ist zu erkennen, daß in der verwendeten Version des Beautifiers noch Regeln zur Links/Rechts-Ausrichtung von Rechtecken fehlten. Die Bearbeitungszeit auf einer SPARCstation II betrug 30 Sekunden.

---

*Die beschriebenen Arbeiten sind Teil des Verbundvorhabens „TASSO - Technische Assistenzsysteme zur Verarbeitung ungenauen Wissens", das teilweise vom Bundesministerium für Forschung und Technologie unter der Fördernummer ITW 8900 A7 finanziert wird.

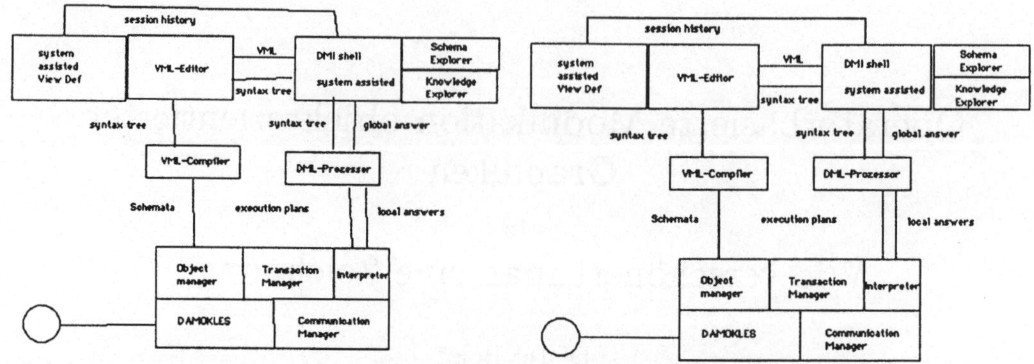

Abbildung 1: Eine Beispielgraphik, vor und nach der Verschönerung.

2 Analyse, Kritik und Korrektur einer Zeichnung

Der Prozeß der automatischen Verschönerung einer Zeichnung läßt sich konzeptuell und implementierungstechnisch in drei Phasen unterteilen:

1. Die Analyse der Zeichnung, bei der korrekturbedürftige Situationen, Fehler und Informationen über das Umfeld entdeckt werden.

2. Die Kritik an der Zeichnung, in der diese Informationen zusammengefaßt, gegeneinander aufgewogen und Vorschläge zur Verbesserung erzeugt werden.

3. Die Korrektur der Zeichnung, bei der versucht wird, diese Vorschläge umzusetzen.

Eine ähnliche Vorgehensweise findet sich auch bei Weitzmann [24]. Wir haben für alle drei Teile Konzepte entwickelt und implementiert. Die Analysephase wird im wesentlichen realisiert durch die sogenannte Situationssprache, die wiederum auf der graphischen Sprache EPICT aufbaut. Diese werden in Abschnitten 2.1 und 2.2 vorgestellt. Die Kritikphase (Abschnitt 2.3) verbindet Analyse und Korrektur.

Die Korrekturphase steht im Mittelpunkt dieses Beitrags. Sie wird detailliert in den Abschnitten 3 und 4 beschrieben.

2.1 Die graphische Sprache EPICT

Die Basis für den graphischen Teil des Beautifiers ist die graphische Sprache EPICT. EPICT ist eine objektorientierte, mehrschichtige Sprache, die in LISP/CLOS implementiert auf verschiedenen Systemen lauffähig ist. Von besonderer Bedeutung bei EPICT ist die Tatsache, daß sie nicht nur graphische Darstellungselemente (Level 0) zur Verfügung stellt, sondern auch abgeleitete Eigenschaften und Prädikate, wie Abstände, Parallelität von Linien zu berechnen vermag (Level 1). Die Level 2 und 3 erweitern die Beschreibungen von Zeichnungen von graphischen Darstellungselementen aus zu komplexen zusammengesetzten Objekten. Level 4 ist vorgesehen für das Einbringen anwendungsspezifischen Wissens.

An graphischen Darstellungselementen stehen die üblichen Klassen zur Verfügung, wie Linien, Pfeile, Texte, beliebige Polygone, (abgerundete) Rechtecke, Bitmaps, Ellipsen, Ellipsenbögen, und Splines. Als Darstellungsattribute finden wir Outline-Thickness, Outline-Pattern, Outline-Color, Fill-Pattern, Fill-Color, und Bit-Transfer-Mode [18]. Auf der Basis von EPICT wurde der Graphik-Editor „GREAT" implementiert, in den der Beautifier als Teilkomponente integriert ist.

Eine vollständige Beschreibung der Konzepte und der Funktionalität von EPICT findet man in [16]. Wir haben zudem einen Konverter für das auf dem Apple Macintosh gebräuchliche PICT-Format in EPICT implementiert [17], der es erlaubt, Zeichnungen aus der Mac-Welt zu importieren, und so einen reichhaltigen Fundus an Testmaterial eröffnet.

2.2   Die Situationssprache

Die Situationssprache wurde entwickelt, um in einer gegebenen in EPICT repräsentierten Zeichnung nach Mengen von graphischen Objekten zu suchen, die eine bestimmte Beziehung zueinander haben. Sie ist detailliert beschrieben in [4].

Gesucht wird zum Beispiel nach Situationen, die sich umgangssprachlich wie folgt beschreiben lassen:

1. Suche nach Paaren von Linien, deren Endpunkte sehr nahe beieinander liegen, so daß man diese Lücke als Zeichenfehler ansehen kann, wie in Abbildung 2 angedeutet.

2. Suche nach Pfeilen, die zwar auf ein Rechteck hindeuten, aber zu weit vor diesem enden oder nicht auf die Mitte einer Seite zeigen (wenn nur jeweils ein Pfeil auf das Rechteck zeigt).

3. Suche nach Gruppen von graphischen Objekten, die auf gleicher Grundlinie liegen.

4. Suche nach Texten, die auf einem gemusterten Hintergrund liegen und daher schlecht zu lesen sind.

Die Grundstruktur ist bei allen diesen Anfragen ähnlich. Es wird nach einer oder mehreren Instanzen einer oder mehrerer Klassen gefragt, die bestimmte Relationen erfüllen, und die zudem noch logisch miteinander verknüpft sein können. Die Definition einer Sprache für dieses Grundschema stellt den Kern der Situationsprache dar.

Abbildung 2: Bei den Lücken zwischen den Linien handelt es sich vermutlich um Zeichenfehler.

Das erste der obigen Beispiele kann mit den Mitteln der Situationssprache folgendermaßen formuliert werden:

```
(define-situation connected-line-ends
  :objects ((2 lines :combinations t :repetition nil))
  :description
  (or
    (small (distance (line-end-point line-1)   (line-start-point line-2)))
    (small (distance (line-end-point line-1)   (line-end-point line-2)))
    (small (distance (line-start-point line-1) (line-end-point line-2)))
    (small (distance (line-start-point line-1) (line-start-point line-2)))))
```

Dadurch wird eine Situation namens `connected-line-ends` definiert, an der als `:objects` zwei Linien beteiligt sind, die verschieden sein müssen (`:repetition nil`) und bei der die symmetrische Kombination nicht betrachtet werden muß (`:combinations t`), weil es ausreicht festzuhalten, daß a nahe bei b liegt und es sich erübrigt festzuhalten, daß zudem noch b nahe bei a liegt.

Das `:description`-Prädikat ist ein LISP-Ausdruck, mit dem der Zusammenhang zwischen den betrachteten Objekten beschrieben wird. In diesem Fall sollen Endpunkte der betrachteten Linien nahe beieinander liegen. Normalerweise handelt es sich bei einer `:description` um die logische Verknüpfung von EPICT-Prädikaten. Die in der `:objects`-Klausel angegebenen Objekte werden im `:description`-Prädikat namentlich zugreifbar gemacht, wie im Beispiel die beiden Linien, die als `line-1` und `line-2` referiert werden können.

2.3 Die Kritikphase

Aufgabe der Kritikphase ist es, die Verschönerung global zu steuern. Hier werden die zu analysierenden Situationen ausgewählt und Zuordnungen zu Aktionen getroffen, die zur Behebung der Fehler durchgeführt werden müssen.

Ein Beispiel einer Kritikregel, die nur beinahe horizontale Linien als fehlerhaft kritisiert und sie exakt horizontal machen will, ist:

```
(define-critique-rule line-almost-horizontal
     :kind collecting
     :rule-set rect-lin
     :trigger-situation line-almost-horizontal
     :description-fmt-string "~S seems to be almost horizontal"
     :description-fmt-args (line)
     :action (horizontal line))
```

Neben anderen Attributen sind Kritikregeln von einer bestimmten Art (`:kind`, hier eine solche, die mit anderen aufgesammelt wird), gehören zu einer bestimmten Regelmenge (`:rule-set`), springen bei einer bestimmten Situation an (`:trigger-situation`), können sich in einfacher Weise erklären (`:description-fmt-string`) und lösen eine bestimmte Aktion aus (`:action`).

Eine Beautifier-Wissensbasis besteht im Kern aus einer Regelmenge der Kritikphase. Die entsprechende Funktionalität haben wir objektorientiert modelliert. In diesem Bericht stellen wir das von uns entwickelte Operator-Verfahren vor, das sich als besonders geeignet erwiesen hat. Der Beautifier ist so modular aufgebaut, daß es recht einfach ist, auch andere Verfahren anzubinden.

Mit der Fragestellung, warum welche Dinge in welcher Weise kritisiert werden, wollen wir uns in diesem Bericht nicht auseinandersetzen.

2.4 Das Problem, eine Zeichnung zu verändern

Der Prozeß, eine Zeichnung zu verändern, muß einige Anforderungen erfüllen, wenn er für den Beautifier geeignet sein soll:

1. Er soll auch komplexe Verschönerungen behandeln können.

2. Er muß schnell sein, da er in einer interaktiven Umgebung verwendet wird.

3. Er muß auch bei unter- und überbestimmten Vorgaben sinnvolle Resultate liefern.

4. Er sollte möglichst keine neuen Fehler in der Graphik erzeugen.

Das Einbringen von Veränderungen kann man, genau wie die Generierung einer neuen Graphik oder den Versuch, bestimmte Bedingungen beizubehalten, als Constraint-Problem ansehen.

Es gibt mittlerweile eine Vielzahl von Verfahren zur Behandlung graphischer Constraints. Die meisten davon sind solche mit lokaler Constraint-Propagierung [10], (linearen) Gleichungslösern [15, 23],

Term-Rewriting [14], Attributgrammatiken [6], regelbasierte Verfahren [1], Relaxation (Optimierungsverfahren) [3] oder Kombinationen dieser Ansätze [5]. Besondere Eigenschaften haben etwa [20] (Intervall-Propagierung) und [7] (inkrementelle Propagierung).

Wir haben mit verschiedenen dieser Verfahren experimentiert, für die konkreten Anforderungen des Beautifiers war jedoch keines unmittelbar zu verwenden. Häufig fehlt einfach die Fähigkeit, komplizierte Bedingungen zu erfüllen (wie etwa *Richte diese Objekte dergestalt aus, daß ihre Mittelpunkte auf einem gedachten Kreis liegen*). Wir haben daher ein Verfahren, das Operator-Verfahren, entworfen, bei dem die einzelnen Bedingungen durch spezielle Prozeduren erfüllt werden, die Kombination dieser Prozeduren aber global gesteuert wird.

3 Trivialer Operator-Ansatz

3.1 Veränderungen an Zeichnungen

Zur Verdeutlichung des Ansatzes wollen wir einen Ausschnitt aus einer Graphik betrachten und aufzeigen, wie eine Korrektur, insbesondere durch den Benutzer selbst, durchgeführt werden könnte.

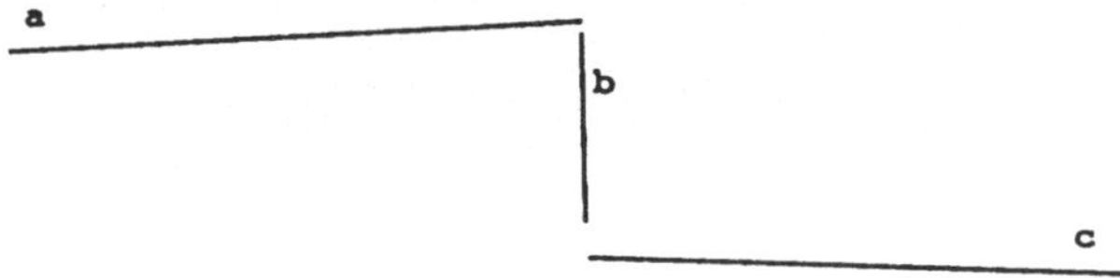

Abbildung 3: Drei nachlässig gezeichnete Linien.

Abbildung 3 zeigt drei Linien, die nachlässig gezeichnet worden sind. Folgende Nachlässigkeiten sind zu vermuten:

- Die Linien a und c sind fast, aber nicht exakt horizontal.

- Linie b ist fast, aber nicht exakt vertikal.

- Zwischen den Endpunkten der Linien a und b und zwischen denen von b und c liegen Lücken.

Man kann etwa damit beginnen, die Linie a horizontal zu machen, beispielsweise dadurch, daß man den rechten Endpunkt geeignet nach unten verschiebt. Das gleiche ist mit Linie c möglich. Nun kann man Linie b vertikal machen. Spätestens jetzt gilt es zu bedenken, daß sich eine Operation auf die nachfolgenden Möglichkeiten auswirkt. So ist es an dieser Stelle nicht mehr möglich, die Bedingung, daß die Endpunkte von a und b aufeinanderliegen sollen, dadurch zu erreichen, daß der Endpunkt von a einfach auf den Endpunkt von b gezogen wird. Denn auf diese Weise wird ja die vorher schon erreichte Bedingung, daß a horizontal sein soll, wieder zerstört.

Dies ist eine Operation, die unter anderen Umständen ohne weiteres anwendbar ist. In diesem konkreten Fall verbietet sie sich aber aufgrund der Abhängigkeiten in der gegebenen Situation. Wir werden im folgenden noch genauer untersuchen, wie man solche Abhängigkeiten geeignet formulieren kann.

Ein Weg ergibt sich, wenn man die ganze Linie a derart parallel verschiebt, daß ihr Endpunkt genau auf dem von b zu liegen kommt. Entsprechend kann man mit c verfahren und man hat das gewünschte Resultat erreicht.

Um einiges komplizierter wäre der Versuch gewesen, den oberen Endpunkt von b so zu bewegen, daß er auf die gleiche Höhe zu liegen kommt wie der rechte Endpunkt von Linie a und diese dann horizontal zu verlängern. In dieser Weise vorzugehen, bedeutet einen Umweg zu machen, der in den meisten Fällen gar nicht nötig ist.

Wir haben in diesem Beispiel gesehen, daß es möglich ist, das Erreichen bestimmter Bedingungen auf das Durchführen einer Operation aus einer vorgegebenen, endlichen Menge von Kandidaten zurückzuführen. So kann eine Linie dadurch horizontal gemacht werden, daß man entweder den Startpunkt auf die Höhe des Endpunktes bringt oder umgekehrt. Das sind schon zwei verschiedene Wege.

Wenn man mehrere Bedingungen gleichzeitig erreichen will, ist man offensichtlich gezwungen, eine Teilmenge der möglichen Operationen so auszuwählen, daß diese ihre Effekte nicht gegenseitig zerstören. Das ist das Thema des nächsten Abschnitts.

Im übernächsten Abschnitt werden wir uns unter anderem dem Problem zuwenden, daß Operationen der gerade betrachteten Art im Sinne des Beautifiers zu Situationen führen können, die dieser vorher gar nicht erkannt hat. Wenn wir annehmen, daß Linie b zu Beginn schon exakt vertikal gewesen wäre, dann wäre es ein leichtes gewesen, ihren Endpunkt auf den von a dadurch zu liegen kommen zu lassen, daß wir ihn einfach dorthin gezogen hätten. Nur wäre sie dann nicht mehr vertikal gewesen.

An dieser Stelle drängt sich der Einwand auf, daß man die Vorgehensweise dahingehend abändern solle, nicht nur nach fehlerhaften Situationen zu suchen, sondern auch die bezüglich der Menge der betrachteten Situationen korrekten Stellen einer Graphik mitzubestimmen und zu verhindern, daß diese überhaupt tangiert werden. Das aber erweist sich als problematisch, dieweil auf diese Weise die ohnehin schon ziemlich großen Constraint-Mengen, die von der Kritikphase erzeugt werden (über 50 Constraints sind durchaus üblich), noch erheblich vergrößert würden. Wie wir in Abschnitt 4 sehen werden, ist das bei geschicktem Vorgehen auch gar nicht nötig.

Es ist wichtig festzuhalten, daß für den Menschen aufgrund seiner visuellen Fähigkeiten viele der genannten Probleme nicht auftreten, da er schon nach kurzem Hinschauen einen *globalen* Überblick über die Zusammenhänge in der Zeichnung hat („Das sieht man doch sofort") und nicht nur die *lokalen* Bedingungen zur Verfügung hat. Das Problem erschließt sich in vollem Umfang erst dann, wenn man versucht, die in Koordinatendarstellung gegebene Graphik zu korrigieren, ohne daß man sich „ein Bild von ihr macht".

3.2   Was ist ein Operator?

Unter einem *Operator* wollen wir eine Sammlung von Operationen verstehen, die dem Zweck dient, einen bestimmten Zustand (das *Ziel* des Operators) bezüglich einer bestimmten Menge von Objekten zu erreichen. Der „Operator" ist der zentrale Begriff im Bereich des maschinellen Planens [11], wo er das formale Äquivalent des Begriffes „Handlung" aus der realen Welt darstellt, reduziert auf bestimmte, für das jeweilige Verfahren notwendige Beschreibungen von Vor- und Nachbedingungen zu seiner Anwendung.

Die einzelnen Möglichkeiten, das Ziel der Ausführung eines Operators zu erreichen, wollen wir als seine *Zweige* bezeichnen. Die betroffenen Objekte sind seine *Parameter*.[1]

Definition 1 *Ein* **Operator** *ist ein Paar bestehend aus einer Liste von Parametern und einer Menge von Operatorzweigen. Den n-ten Zweig eines Operators O schreiben wir als O(n), wobei* $n \in \{1, \ldots, o(O)\}$. $o(O)$ *ist die* **Kardinalität** *des Operators. Ein* **Operatorzweig** *ist ein 5-Tupel* {code, affects, freezes, effect, allowed-is} *von Mengen, deren Bedeutung wir im folgenden klären werden.*

Im :code-Teil wird in prozeduraler Form festgehalten, wie, gegeben eine bestimmte Menge von Parametern, das Ziel des Operators erreicht werden kann.

---

[1]Man beachte auch die Verwandtschaft zu den *abstrakten Operatoren*, wie sie im maschinellen Planen bekannt sind. Auf diesen Punkt hat mich Joachim Hertzberg hingewiesen.

Um eine Linie horizontal zu machen, können wir die Y-Koordinate des Linienstartpunktes auf die Y-Koordinate des Linienendpunktes setzen. In LISP/EPICT geschieht das auf diese Weise:

```
(setf (point-y (line-start-point line)) (point-y (line-end-point line)))
```

Um die Abhängigkeiten der Operatoren untereinander zu beschreiben, muß man für jeden Operatorzweig angeben, was er verändert (:affects), und, was man nicht mehr verändern darf, wenn er einmal ausgeführt worden ist (:freezes).

Es ist denkbar, diese Abhängigkeiten auf der Ebene der EPICT-Eigenschaften der Objekte aufzusetzen, also etwa zu vermerken, ob ein Operator Einfluß auf Eigenschaften wie Länge, Richtung oder topologische Aspekte innerhalb der Zeichnung hat. Auf diese Weise wird die Verwaltung der Abhängigkeiten jedoch schwierig und ist, wenn konsequent durchgeführt, nur mittels weitergehendem *geometric reasoning* [13] durchführbar. Das Umsetzen eines Endpunktes einer Linie hat eben nur unter bestimmten Umständen auch eine Veränderung ihrer Länge und unter ganz anderen Umständen eine Veränderung ihrer Richtung zur Folge.

Wir haben uns in der derzeitigen Implementierung des Beautifiers für eine andere Darstellung entschieden, nämlich die, die Variablen der Koordinatendarstellung der Objekte zu verwenden. Wir fügen jedem Operatorzweig die Menge der Variablen hinzu, die er setzt und diejenigen, auf deren Werte er direkt oder indirekt zugreift.

Das kann im Einzelfall zu restriktiv sein, wir nehmen dieses aber in Kauf, um das Verfahren einfach und schnell zu halten. Ein Beispiel dafür, daß man auf diese Weise Lösungen nicht erkennt, sehen wir in Abbildung 4. Der Endpunkt von Linie b liegt auf Linie a. Von allen 4 Freiheitsgraden (d.h. die vier Variablen der Koordinatendarstellung), die man für Veränderungen an a hat, dürfen wir keinen einzigen zulassen, denn es ist nichttrivial zu entscheiden, welche Bewegungen diese Bedingung nicht verletzen, wie in Abbildung 4 angedeutet.

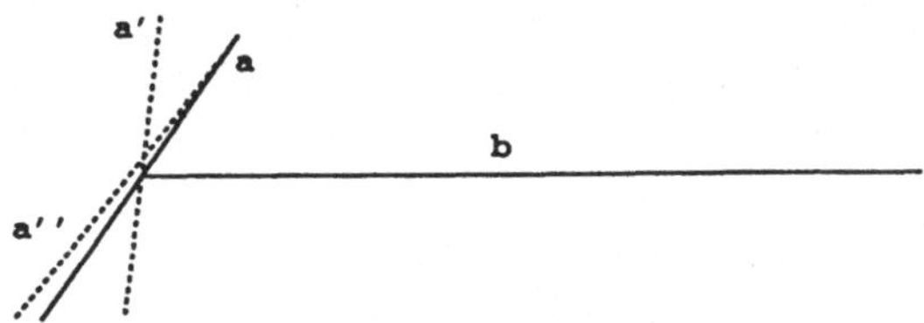

Abbildung 4: Wann bleibt der Endpunkt der einen Linien auf der anderen?

Der Operator „mache Linie horizontal" sieht folgendermaßen aus:

```
(define-operator horizontal (1)
  (:code (setf (point-y (line-start-point 1)) (point-y (line-end-point 1)))
   :affects ((point-y (line-start-point 1)))
   :freezes ((point-y (line-end-point 1)))
   :allowed-is ((translate 1)))
  (:code (setf (point-y (line-end-point 1)) (point-y (line-start-point 1)))
   :affects ((point-y (line-end-point 1)))
   :freezes ((point-y (line-start-point 1)))
   :allowed-is ((translate 1))))
```

Mit der Funktion define-operator wird der neue Operator horizontal der Operatorbasis des Beautifiers hinzugefügt. Er hat den Parameter 1, eine Linie. Der Operator besteht aus zwei Zweigen, deren Effekt schon wiederholt beschrieben wurde. Diese haben jeweils einen :code-Teil mit den auszuführenden Anweisungen, und mindestens zwei weitere Einträge, nämlich eine Liste von veränderten Variablen (`:affects`) und eine Liste von danach nicht mehr veränderbaren Variablen (`:freezes`).[2]

Der Eintrag `:allowed-is`, der bislang noch nicht besprochen wurde, und sein Gegenstück, `:effect`, haben den Zweck, zwischen den Operatoren eine einfache Form der Kommunikation über ihre Auswirkungen und Vorbedingungen zu erlauben, die über den starren Mechanismus der Betrachtung der benutzten Variablen hinausgeht.

So wissen wir, daß die Eigenschaft einer Linie, horizontal zu sein, durch eine reine Translation nicht beeinflußt wird. Wenn also ein anderer Operator nur eine Translation ausführt, vermerkt man diese Tatsache als `:effect ((translate 1))` und somit werden beide Zweige des Operators horizontal ausführbar. Für derartige Beschreibungen bieten sich die Effekte Translation, Rotation und Skalierung an. Diese simple Erweiterung des ursprünglichen Verfahrens brachte einen bemerkenswerten Gewinn in Bezug auf die Menge der auffindbaren Lösungen mit sich.

3.3 Wie kombiniert man Operatoren?

Da in einer gegebenen Zeichnung im allgemeinen mehrere Unschönheiten gefunden werden, gibt es zumeist mehrere Constraints und mithin mehrere Operatoren zu deren Erfüllung. Wir wollen nun das Verfahren betrachten, mit dem Operatoren kombiniert und in eine Ordnung gebracht werden, in der sie letztendlich ausgeführt werden, um die gewünschten Änderungen an der Zeichnung vorzunehmen.

Wir geben ein Ziel vor, welches das Verfahren erreichen soll:

Versuche eine Reihenfolge zu finden, in der möglichst viele Operatoren ausführbar sind!

Genauer müßte es heißen: Versuche eine Auswahl aus den *Zweigen* der einzelnen Operatoren zu finden (ein Zweig pro Operator), die möglichst viele Operatoren umfaßt, und damit möglichst viele der gegebenen Bedingungen erfüllen kann.

Das führt auf ein Suchproblem (mit exponentieller Komplexität), denn man kann offenbar nur durch Ausprobieren feststellen, wo man mit einer Kette von Operationen beginnt und wie man sie von da aus fortführt, um maximal viele Operatoren zur Ausführung zu bringen.

O1(1)	O3(1)	O4(1)	O2(1)
O1(2)	O3(2)	O4(2)	O2(2)
	O3(3)		O2(3)
			O2(4)

Abbildung 5: Ein Pfad durch eine Operator-Tafel von 4 Operatoren.

Anschaulicher gesprochen, suchen wir einen *Pfad* durch die gegebenen Operatoren:

Definition 2 *Ein* **Pfad** *$\mathcal{P}$ durch eine Menge von Operatoren ist eine Permutation einer Teilmenge von jeweils genau einem Zweig der gegebenen Operatoren. Bildlich kann man das gut mit einer* **Operator-Tafel** *darstellen, siehe Abbildung 5.*

Wir kommen jetzt dazu, die Abhängigkeiten zwischen Operatoren genauer zu betrachten. Ein Zweig eines Operators darf nicht nach einem Zweig eines anderen Operators ausgeführt werden, wenn er entweder eine Variable setzt, die dieser auch gesetzt hat, oder er eine Variable setzt, die der andere gefroren hat. Ausnahme davon ist, wenn der `:effect` zu der Menge der `:allowed-is`-Operationen des vorher angewendeten Operators gehört.

---

[2]Es ist klar, daß man diese Listen *nicht* automatisch berechnen kann, da im `:code`-Teil beliebiger Programmtext zugelassen ist. So können etwa Änderungen auch über aufgerufene Funktionen mit Seiteneffekten ausgelöst werden.

Definition 3 *Der Operatorzweig $O_2(i_2)$ ist* zugelassen *nach dem Operatorzweig $O_1(i_1)$* $\Leftrightarrow$
$(\text{affects}(O_1(i_1)) \cup \text{freezes}(O_1(i_1))) \cap \text{affects}(O_2(i_2)) = \emptyset \vee (\text{allowed-is}(O_1(i_1)) \cap \text{effect}(O_2(i_2))) \neq \emptyset$.
Wir schreiben $O_1(i_1) \prec O_2(i_2)$, wenn $O_2(i_2)$ nach $O_1(i_1)$ zugelassen ist.

Eine konsistente Folge von Operatorzweigen (ein konsistenter Pfad) ist eine solche, bei der diese
immer nur in zugelassener Ordnung auftreten, also kein Operator Bedingungen eines Vorgängers
verletzt:

Definition 4 *Sei $\mathcal{P} = O_1(i_1), \ldots, O_k(i_k)$ eine Folge von Operatorzweigen.*
$\mathcal{P}$ *ist* konsistent $\Leftrightarrow \bigwedge_{x \in \{1,\ldots,k\}} \bigwedge_{0 < y < x} : O_y(i_y) \prec O_x(i_x)$.

Wir suchen nach maximal langen konsistenten Pfaden, derer es mehrere geben kann. Ideal ist
natürlich ein vollständiger Pfad:

Definition 5 *Ein Pfad $\mathcal{P}$ heißt* vollständig $\Leftrightarrow$ *jeder Operator in $\mathcal{P}$ vorkommt.*

Der Suchalgorithmus iteriert über die vorhandenen Operatoren und deren Zweige und geht dann
rekursiv eine Stufe tiefer, wobei die Spalte mit dem zuletzt gewählten Operator(-zweig) entfernt
wird:

```
function finde-pfad (tafel loesungsfolge)
    if tafel nicht leer
    then
        für alle operatoren in tafel
          für alle zweige in diesem operator
            if
                zweig ist nach allen anderen Operatoren
                in der bisherigen loesungsfolge zugelassen (Def. 4)
            then
                (finde-pfad tafel-ohne-operator zweig-konkateniert-mit-loesungsfolge)
            fi
    else
        fertig, loesungsfolge ist resultat
    fi
```

Eine vollständige Tiefensuche kann sehr zeitaufwendig werden. Wir haben daher den Algorithmus
dahingehend modifiziert, daß ihm eine Zeitschranke mitgegeben wird. Er merkt sich während des
Laufs den bislang längsten Pfad und gibt diesen bei Überschreiten des Zeitlimits als Resultat zurück.
Versuche zeigen, daß diese Zeitbeschränkung nur bedingt eine Einschränkung für die Qualität der
gefundenen Lösungen darstellt. Zumeist wird nur die Behandlung von längeren Ketten von Bedingungen, bei denen sich eine Änderung „durchpropagieren" muß, unterbrochen. Trotzdem wird eine
Reihe von Korrekturen an der Zeichnung vorgenommen.

In der beschriebenen Form ähnelt das Verfahren einer Constraint-Satisfaction durch lokale Propagierung. Von einem oder mehreren Startpunkten in der Zeichnung aus werden die gegebenen
Bedingungen weiter-propagiert. Unterschiede ergeben sich dadurch, daß

- jeweils mehrere Möglichkeiten bestehen, eine Bedingung zu erfüllen,

- und das implizite Backtracking es ermöglicht, alle diese Entscheidungen durchzugehen.

Andererseits gibt es Verbindungen zu KI-Planungsverfahren. Die in den Operatoren verwendeten `:affects`- und `:freezes`-Bedingungen lassen sich nach geeigneter Umformulierung als Vor- und Nachbedingungen von Planungs-Operatoren auffassen, wie wir in einer anderen Aktivität innerhalb des TASSO-Projektes nachgewiesen haben [9]. Ein Planungsverfahren erlaubt aber zusätzlich noch, Umwege auf dem Weg zur Lösung zu beschreiten, was bisweilen notwendig sein kann und auch die mehrfache Anwendung von Operatoren erlaubt, was bei der vereinfachten Vorgehensweise nicht unmittelbar vorgesehen ist.

4 Erweiterter Operator-Ansatz

Angewandt auf das Problem der Verschönerung einer Zeichnung muß der Zyklus Analyse-Kritik--Korrektur normalerweise mehrfach durchlaufen werden, weil, wie schon im Abschnitt 3.1 gezeigt, die Korrektur Bedingungen verletzen kann, die ursprünglich gegolten haben und erwünscht waren.

Auf diese Weise ist ein Aufruf des Beautifiers intern in mehrere *Läufe* dieses Zyklus unterteilt. Das einfache Operatorverfahren weist ein erstaunlich gutes Konvergenzverhalten auf, in dem Sinne, daß die Zahl der Fehler in der Graphik abnimmt.

Es treten aber bisweilen Probleme auf, weil

1. überspezifizierte Constraint-Systeme vorgegeben sein können,

2. die Abhängigkeiten zwischen einzelnen Bedingungen nicht beachtet werden und

3. bei mehrfachem Lauf über eine Zeichnung der Algorithmus in einen Zyklus geraten kann.

Wir gehen diese Probleme dadurch an, daß wir während der einzelnen Läufe Informationen über die Zeichnung ansammeln. Dabei kommt ein spezieller regelorientierter Mechanismus zur Anwendung.

4.1 Überspezifizierte Bedingungen

Zu überspezifizierten Bedingungen kommt der Beautifier dann, wenn verschiedene Kritikregeln verschiedene Bedingungen an dieselben Objekte stellen. Um diesem Problem zu begegnen, muß eine Auswahl aus den gegebenen Bedingungen getroffen werden oder ein neuer Constraint generiert werden, der speziell auf diese Situation zugeschnitten ist.

Abbildung 6: Linie a zeigt „irgendwo" auf die Rechtecke, Linie b genau auf deren Mittelpunkte.

Ein Beispiel: Es gibt im Beautifier zwei Regeln, die sich mit Linien (Pfeilen) beschäftigen, die auf Rechtecke weisen. Im allgemeinen Fall soll eine Linie, die sehr nahe vor der Seite eines Rechtecks, gemäß dieser Regeln so verändert werden, daß ihr Endpunkt genau auf der Seite endet. Es gibt davon auch Sonderfälle, wie etwa, daß die Linie gerade dem Mittelpunkt einer der Seiten des Rechtecks sehr nahe kommt (Abbildung 6). Dann wird man diese Linie genau auf den Mittelpunkt ausrichten wollen. Die gleichzeitige Anwendung beider Regeln muß vermieden werden.

Wenn keine explizite Behandlung eines solchen Falles in der Wissensbasis vorgesehen ist, verhält sich der Beautifier insofern gutmütig, als daß willkürlich einer der in Konflikt stehende Operatoren letztlich erfüllt wird und die Auswirkungen des anderen unter Umständen überschreibt.[3] Überbestimmte Constraint-Systeme führen somit nicht zu einem Abbruch des Verfahrens.

---

[3]Die Analyse der Abhängigkeiten würde ergeben, daß die beiden Operatoren nicht konsistent sind, in einem Lauf würde also nur einer von beiden ausgeführt. In einem weiteren Lauf kann es dann sein, daß der andere gewählt wird.

4.2 Geometrische Abhängigkeiten

Interessante Probleme treten auf, wenn von der Kritikphase generierte Constraints sich nur mittelbar
überschneiden, in dem Sinne, daß erst Wissen über graphische und geometrische Zusammenhänge
die eigentlichen Konflikte zum Vorschein bringt. In diesem Fall wäre eigentlich entweder die Anwendung von geometric reasoning notwendig oder die Simulation des Effektes der Operationen, um die
Abhängigkeiten herauszufinden. Beides hat den Nachteil, daß es das Verfahren erheblich verkompli-
zieren würde.

Nehmen wir beispielsweise an, daß ein Constraint die Höhe eines Rechtecks festlegt, ein anderes
die Breite und ein drittes die Fläche. In diesem Fall gilt es, diese drei Bedingungen in Einkláng zu
bringen.

Wir sind dieses Problem in unserem System dadurch angegangen, daß auch für diese Fälle spezifisches
Wissen zu ihrer Behandlung in die Wissensbasis eingebracht werden kann. Da es im Verhältnis zu
den Kritikregeln nur wenige solche Konfliktsituationen gibt, ist das oben angesprochene geometric
reasoning gar nicht in vollem Umfang notwendig, sondern es reichen einzelne, spezialisierte Regeln
aus.

4.3 Auftreten von Zyklen

Es kann geschehen, daß das einfache Verfahren bei mehreren Läufen über eine Zeichnung in Zyklen
gerät, beispielsweise wenn die Korrektur von Fehler 1 einen Fehler 2 erzeugt und umgekehrt.

Im einfachen Verfahren wird man daher eine Abbruchbedingung für weitere Läufe vorsehen, so daß
ein Abbruch stattfindet, wenn von einem Lauf auf den anderen die Zahl der gefundenen Fehler
nicht streng monoton abnimmt. Überspezifizierte Systeme und die angesprochenen Zyklen führen
notwendigerweise zu dieser Bedingung.

Es wurde bereits festgestellt, daß es wegen der Größe der entstehenden Constraint-Systeme nicht
praktikabel ist, neben den fehlerhaften Situationen auch die korrekten zu betrachten, um diese
nicht zu verletzen. Man kann aber über mehrere Läufe hinweg die gefundenen Fehlersituationen
akkumulieren, das heißt in jedem Lauf die bisher gefundenen und die neuen Fehler betrachten.

Auf diese Weise ist sichergestellt, daß nur die tatsächlich benötigten Constraints generiert werden.
Bedingungen, die im Verlauf der Verschönerung nicht tangiert werden, weil sie weder zu Beginn
auftreten noch als Resultat anderer Operationen in einem Lauf verletzt werden, kommen auf diese
Weise erst gar nicht in Betracht. Die Menge der Operatoren nimmt damit im allgemeinen monoton
zu.

4.4 Regelbasierte Steuerung

Die Wissensbasis des regelorientierten Systems zur Konfliktbehandlung muß also über die Läufe
hinweg inkrementell erweitert werden. Damit kann es aber vorkommen, daß Schlüsse, die in einem
früheren Lauf getroffen wurden, durch das Hinzukommen neuer Informationen zurückgenommen
werden müssen.[4] Logiken, die solch ein Verhalten erlauben, bezeichnet man als *nichtmonotone* Logiken [19].

Im TASSO-Projekt wird ein leistungsfähiger nichmonotoner Inferenzmechanismus „EXCEPT II"
[12] entwickelt, das im Beautifier für die gerade vorgestellte Aufgabe benutzt wird, die Konfliktbehandlung, das einfache geometric reasoning und die Verwaltung der Constraints durchzuführen.

Die EXCEPT-Wissensbasis wird zu Beginn einer Verschönerung mit den allgemeinen geometrischen
Regeln und Konfliktbehandlungsregeln vorgeladen. Die Verschönerungsregeln, die nicht mit den

---

[4]Das ist der Fall, bei dem die Menge der zu erfüllenden Operatoren zum nächsten Lauf hin abnehmen kann.

EXCEPT-Regeln verwechselt werden dürfen, beginnen nun mit der Analyse der Graphik, und die fehlerhaften Situationen werden in die EXCEPT-Wissensbasis eingetragen, und zwar in der Form von *Defaults*, das heißt als Einträge, die zurückgenommen werden dürfen.

Ist eine Linie in der Zeichnung nur ungefähr horizontal, dann wird in die Wissensbasis folgender Eintrag gemacht:

```
(default (achieve (horizontal diese_linie)))
```

Das `achieve`-Prädikat modelliert die Tatsache, daß dieser Constraint als zu erfüllen vermerkt wird.

Das EXCEPT-System sorgt dafür, daß logisch konsistente Theorien über die Anfangsregeln und die eingetragenen Informationen gebildet werden. Zum Schluß werden noch die Operatoren, die Constraints repräsentieren, die es zu erreichen gilt, aus der Wissensbasis gelesen und dem Operatorverfahren zugeführt. Das sind diejenigen `achieve`-Prädikate, die nicht zurückgenommen worden sind, weil bestimmte Regeln ihnen widersprochen haben. Die Schritte ab der Analyse werden dann bei Bedarf als weitere Läufe wiederholt.

EXCEPT erlaubt zudem priorisierte Defaults. Auf diese Weise kann man in einfacher Art mehrstufige Abhängigkeiten modellieren. Die Konfliktbehandlung sieht so aus, daß die betroffenen Regeln gemäß ihrer Wichtigkeit mit unterschiedlichen Prioritäten versehen werden und dann in der Wissensbasis vermerkt wird, daß das gleichzeitige Auftreten dieser Regeln inkonsistent ist.

Ein Konflikt wird als logischer Widerspruch in EXCEPT formuliert. Wenn a und b sich widersprechen, schreibt man

```
((achieve a) (achieve b) -> false).
```

Auf einen solchen Widerspruch expandiert das Konstrukt `define-conflict`, mit dem die Behandlung von Konflikten wie dem in Bild 6 dargestellten erfolgt. In der Wissensbasis finden wir beispielsweise:

```
(define-conflict rect-lin
  (achieve (line-pointing-to-rectangle _start-or-end _line _i _rectangle))
  (achieve (line-pointing-to-midpoint-of-side _start-or-end _line _i _rectangle)))
```

Zudem muß noch der Kritik-Regel, die (`achieve (line-pointing-to-midpoint-of-side ...)`) fordert, eine höhere Priorität als der allgemeineren mit `line-pointing-to-rectangle` gegeben werden.

Einen Überblick über das Zusammenspiel der verschiedenen Komponenten des Beautifiers gibt das kommentierte Trace-Listing in Anhang A.

5   Stand der Realisierung und Ausblick

Das System ist in der beschriebenen Form vollständig implementiert. Erste Wissensbasen befinden sich im Aufbau. Die Implementierung erfolgte in Common LISP/CLOS auf einer SPARCstation II unter SunOS 4.1.1. Die Benutzungschnittstelle wurde unter Verwendung des in der GMD entwickelten Systems „GINA" [21] entworfen. GINA setzt auf OSF/Motif und X-Windows auf.

Es gibt einige Verbesserungen und Erweiterungen an dem Verfahren, denen wir uns in der nächsten Zeit zuwenden wollen.

Denkbar und leicht zu implementieren, wenn auch zur Zeit nicht geplant, ist eine Modifikation der Bedingung für maximale Pfade. Wenn man Gewichtungen für die Operatoren einführt, kann man die Auswahl der tatsächlich angewendeten Operatoren bei überbestimmten Systemen genauer steuern. Die Definition wäre dann, daß ein *optimaler Pfad* ein solcher ist, bei dem die Summe der Gewichtungen der Operatoren maximal ist. Die aktuelle Implementierung ist offensichtlich ein Spezialfall davon, in dem die Gewichtung für alle Operatoren gleich ist. Bislang hat sich das aber noch nicht als notwendig erwiesen.

Bei der Diskussion des erweiterten Verfahrens wurde implizit angenommen, daß die Analyse- und Kritikphase nur verhältnismäßig wenig Zeit in Anspruch nehmen. Das ist nicht unbedingt richtig. Es gibt Analysen in der Situationssprache, die sehr zeitaufwendig sind, wie etwa Hough-Transformationen. Damit wollen wir unter anderem feststellen, ob Gruppen von Objekten auf *gedachten* Figuren, etwa einem Kreis liegen. In einem solchen Fall ist es nicht angebracht, die entsprechende Analyse in allen Durchläufen einer Verschönerung durchzuführen. Entsprechende Vorkehrungen sind aber noch nicht getroffen worden.

Es bietet sich natürlich an, das Suchverfahren zu verbessern, indem die einfache, nichtheuristische Tiefensuche durch ein intelligentes Verfahren, etwa *dependency directed backtracking* [22], ersetzt wird.

Bislang haben wir nur *atomare* Operatoren implementiert, in dem Sinne, daß Operatoren nicht wiederum aus anderen Operatoren zusammengesetzt sein können. Eine Erweiterung in dieser Richtung ist in Vorbereitung.

Danksagung   Ich danke meinen Kollegen Joachim Hertzberg, Klaus Kansy und Karl Wittur für fruchtbare Diskussionen und zahlreiche Anmerkungen zu diesem Bericht. Die Fenster sind noch immer offen [3].

Literatur

[1] B. Aldefeld: „Rule-Based Approach to Variational Geometry", in Alison Smith (ed.): *„Knowledge Engineering and Computer Modelling in CAD"*, Proceedings CAD 86, Butterworths, 1986, pp. 59-67

[2] Dieter Bolz: „Wissensbasierte Unterstützung des Benutzers bei Eingabe und Bearbeitung von Zeichnungen", in K. Kansy, P. Wißkirchen (Hrsg.): *„Graphik im Bürobereich"*, Proceedings, Springer Verlag, 1988, pp. 115-126

[3] Dieter Bolz, Karl Wittur: „Die Umsetzung deklarativer Beschreibungen von Graphiken durch Simulated Annealing", In: K. Kansy, P. Wisskirchen (Hrsg.): *Graphik und KI*, Proceedings, Springer Verlag, 1990, pp. 68-77

[4] Dieter Bolz: *„Eine Sprache zur Beschreibung graphischer Situationen"*, TASSO Report 13, Dezember 1990, GMD, St. Augustin

[5] Alan Borning: *„ThingLab - A Constraint-Oriented Simulation Laboratory"*, Dissertation, Stanford University, 1979

[6] Lee Alton Bradford, Bradley T. van der Zanden: „Attribute Grammars in Constraint-based Graphics Systems", *Software - Practice and Experience* 19(4), 1989, pp. 309-328

[7] Bjorn Freeman-Benson, John Maloney, Alan Borning: „An Incremental Constraint Solver", *CACM* 33(1), Januar 1990, pp. 54-63

[8] Gesellschaft für Mathematik und Datenverarbeitung: *„Jahresbericht 1989"*, GMD, St. Augustin, 1989

[9] Thomas Gordon, Joachim Hertzberg: *„Beautifying business graphics with an AI-Planner"*, in Vorbereitung, wird als TASSO-Bericht erscheinen

[10] James Gosling: *„Algebraic Constraints"*, Dissertation, Carnegie-Mellon University, 1983

[11] Joachim Hertzberg: *„Planen. Einführung in die Planerstellungsmethoden der Künstlichen Intelligenz"*, Mannheim, B.I.-Wissenschaftsverlag, 1989

[12] Ulrich Junker: *„The EXCEPT II Default Reasoning System"*, TASSO Report **23**, GMD, St. Augustin, März 1991

[13] Deepak Kapur, Joseph L. Mundy (Eds.): *„Geometric Reasoning"*, Cambridge, MIT Press, 1989

[14] Wm Leler: *„Constraint Programming Languages"*, Reading, Addison Wesley, 1988

[15] Gregor Lux: *„Graphische Ausgabe für Werkzeuge zur Entwicklung interaktiver Benutzerschnittstellen"*, Dissertation, Technische Hochschule Darmstadt, 1991

[16] Erich Rome, Karl-Heinz Wittur, Dieter Bolz: *„EPICT - Eine erweiterbare Graphik-Beschreibungssprache"*, TASSO Report **4**, GMD, St. Augustin, Mai 1990

[17] Erich Rome: *„PICT-2-EPICT - an Object-Oriented PICT Interpreter"*, Arbeitspapiere der GMD **541**, GMD, St. Augustin, 1991

[18] Erich Rome: *„EPICT Benutzerhandbuch V0.1"*, TASSO Report **15**, GMD, St. Augustin, Januar 1991

[19] Torsten Schaub: *„Nichtmonotone Logiken und ein Default-Beweiser"*, TASSO Report **6**, TH Darmstadt, Darmstadt, August 1990

[20] Bob Schrag: *„KUIE Layout - An Interval-Based Graphical Constraint System"*, Minneapolis, Honeywell Systems and Research Center, 1990

[21] Michael Spenke, Christian Beilken: „An Overview of GINA - the Generic INteractive Application", in D.A. Duce, M.R. Gomez, F.R.A. Hopgood, J.R. Lee (eds.): *User Interface Management and Design*, Proceedings of the Workshop on User Interface Management Systems and Environments, Springer Verlag, 1990, p. 273-293

[22] R. M. Stallman, G. J. Sussman: „Forward Reasoning and dependency directed backtracking in a system for computer-aided circuit analysis", *Artificial Intelligence* **9**, 1976, pp. 135-196

[23] Christopher J. van Wyk: „A high-level language for specifying pictures", *ACM Transactions on Graphics* 1(2), 1982, pp. 163-182

[24] Louis Weitzmann: *„Designer - A Knowledge Based Graphic Design Assistant"*, ICS Report **8609**, Intelligent Systems Group, Institute of Cognitive Science, University of California, San Diego, 1986

Anhang A   Ein kommentierter Trace

Der Beautifier kann während der Verschönerung ein Trace-Listing erstellen. Wir wollen einen kompletten Trace der Bearbeitung der Zeichnung 7 betrachten. Kommentare sind $\boxed{eingerahmt}$.

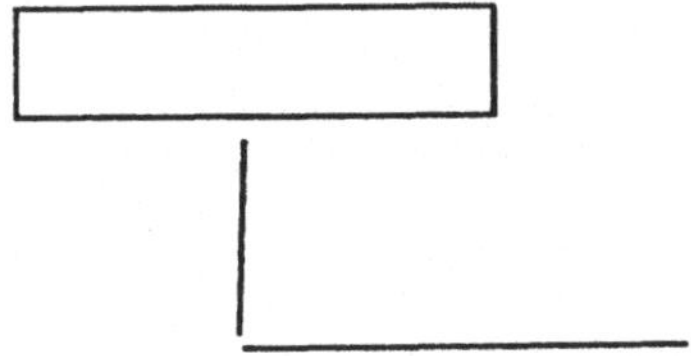

Abbildung 7: Die Beispielgraphik für den Trace.

```
Setting up initial rules for RULE-BASE-13292.
```
$\boxed{\textit{Die Grundregelmenge für EXCEPT wird geladen.}}$
```
Running beautifier rule base RECT-LIN.
```
$\boxed{\textit{Eine spezielle Kritikregelbasis wird gestartet.}}$
```
Pass 1.
```
$\boxed{\textit{Der erste Lauf.}}$
```
New proposals:
```
$\boxed{\textit{Fünf fehlerhafte Situationen werden erkannt.}}$
```
  1(2): (ACHIEVE
          (LINE-POINTING-TO-RECTANGLE LINE-START-POINT #<INTERACTIVE-LINE @ #x11a51ce> 1
          #<INTERACTIVE-RECTANGLE @ #x11a51b6>))
  2(1): (ACHIEVE
          (LINE-POINTING-TO-MIDPOINT-OF-SIDE LINE-START-POINT
          #<INTERACTIVE-LINE @ #x11a51ce> 1 #<INTERACTIVE-RECTANGLE @ #x11a51b6>))
  3(1): (ACHIEVE (VERTICAL #<INTERACTIVE-LINE @ #x11a51ce>))
```
$\boxed{\textit{Zum Beispiel ist der dritte Fehler, daß eine der Linien nur fast vertikal ist.}}$
```
  4(2): (ACHIEVE
          (LINE-END-ON-ANOTHER-LINE LINE-START-POINT #<INTERACTIVE-LINE @ #x11b9cc6>
          #<INTERACTIVE-LINE @ #x11a51ce>))
```
$\boxed{\textit{In Klammern nach der Numerierung steht die Priorität der Regel. 1 ist die höchste Priorität.}}$
```
  5(1): (ACHIEVE
          (COINCIDENT-LINES LINE-START-POINT #<INTERACTIVE-LINE @ #x11b9cc6>
            LINE-END-POINT #<INTERACTIVE-LINE @ #x11a51ce>))
Start except run.
```
$\boxed{\textit{Die EXCEPT-Regeln werden gestartet.}}$
```
Conflicting rules: COINCIDENT-LINES LINE-END-ON-ANOTHER-LINE.
Conflicting rules: LINE-POINTING-TO-RECTANGLE LINE-POINTING-TO-MIDPOINT-OF-SIDE.
```
$\boxed{\textit{Zwei Konflikte werden gefunden und aufgelöst.}}$
```
Choose operator sequence.
Expanding and sorting operators.
```
$\boxed{\textit{Der Suchalgorithmus startet...}}$
```
Maximal sequence length is 1 (of 3) operators.
Maximal sequence length is 2 (of 3) operators.
Maximal sequence length is 3 (of 3) operators.
```
$\boxed{\textit{...und konnte alle drei übrig gebliebenen Operatoren unterbringen.}}$
```
! (SETF (POINT-X (LINE-START-POINT #<INTERACTIVE-LINE @ #x11a51ce>))
        (POINT-X (LINE-END-POINT #<INTERACTIVE-LINE @ #x11a51ce>)))
! (LET ((VEC
```

```
      (-POINTS (LINE-START-POINT #<INTERACTIVE-LINE @ #x11a51ce>)
                (MIDPOINT
                   (NTH 1 (RECTANGLE-LINES #<INTERACTIVE-RECTANGLE @ #x11a51b6>))))))
    (TRANSLATE #<INTERACTIVE-RECTANGLE @ #x11a51b6> (POINT-X VEC) (POINT-Y VEC)))
! (SETF (LINE-START-POINT #<INTERACTIVE-LINE @ #x11b9cc6>)
        (COPY-EPICT-OBJECT (LINE-END-POINT #<INTERACTIVE-LINE @ #x11a51ce>)))
```
Die Operatoren werden ausgeführt.

```
Found 5 operations this time.
```
Zur Erinnerung: vor der Konfliktresolution waren es diesmal 5 Fehler.

Abbildung 8: Nach dem ersten Lauf. Ein neuer Fehler wurde erzeugt.

```
Pass 2.
```
Nochmal.

```
New proposals:
 1(1): (ACHIEVE (HORIZONTAL #<INTERACTIVE-LINE @ #x11b9cc6>))
```
Das ist ein neuer Fehler, der beim ersten Lauf erzeugt wurde.

```
Start except run.
Choose operator sequence.
Expanding and sorting operators.
```
Diesmal sind es 4 Operatoren. Die drei vom letzten Mal und der neue.

```
Maximal sequence length is 1 (of 4) operators.
Maximal sequence length is 2 (of 4) operators.
Maximal sequence length is 3 (of 4) operators.
Maximal sequence length is 4 (of 4) operators.
! (SETF (LINE-START-POINT #<INTERACTIVE-LINE @ #x11b9cc6>)
        (COPY-EPICT-OBJECT (LINE-END-POINT #<INTERACTIVE-LINE @ #x11a51ce>)))
! (SETF (POINT-X (LINE-START-POINT #<INTERACTIVE-LINE @ #x11a51ce>))
        (POINT-X (LINE-END-POINT #<INTERACTIVE-LINE @ #x11a51ce>)))
! (LET ((VEC
          (-POINTS (LINE-START-POINT #<INTERACTIVE-LINE @ #x11a51ce>)
                    (MIDPOINT
                       (NTH 1 (RECTANGLE-LINES #<INTERACTIVE-RECTANGLE @ #x11a51b6>))))))
    (TRANSLATE #<INTERACTIVE-RECTANGLE @ #x11a51b6> (POINT-X VEC) (POINT-Y VEC)))
! (SETF (POINT-Y (LINE-END-POINT #<INTERACTIVE-LINE @ #x11b9cc6>))
        (POINT-Y (LINE-START-POINT #<INTERACTIVE-LINE @ #x11b9cc6>)))
Found 1 operation this time (5 last time).
Pass 3.
```
Ein dritter Lauf?

```
New proposals:
Found 0 operations this time (1 last time).
```
Jetzt ist kein Fehler mehr da.

```
Done.
```
Also sind wir fertig.

```
Total run time: 3 seconds.
```
Inklusive allem Overhead.

Planbasierte graphische Hilfe in objektorientierten Benutzungsoberflächen

Markus A. Thies und Frank Berger
Deutsches Forschungszentrum für Künstliche Intelligenz (DFKI)
Stuhlsatzenhausweg 3
W-6600 Saarbrücken 11
{thies,berger}@dfki.uni-sb.de

Kurzfassung

In diesem Papier stellen wir das System PLUS vor, ein planbasiertes graphisches Hilfesystem für Applikationen mit einer objektorientierten Benutzerschnittstelle. Es werden die Hilfekomponente *InCome*$^+$, die *Animationskomponente* und der graphikorientierte Planeditor *PlanEdit*$^+$ beschrieben. PlanEdit$^+$ ermöglicht den interaktiven Aufbau der hierarchischen Planbasis, die die Grundlage für den Planerkennungsprozeß in PLUS bildet. Eine zentrale Komponente der graphischen Hilfe im PLUS System stellt das Modul InCome$^+$ dar. Es visualisiert den Interaktionskontext des Benutzers und stellt darüberhinaus weitere Features wie semantische Undo- und Redo-Möglichkeiten und einen kontextsensitiven Tutor zur Verfügung. Als wesentliche Erweiterung der graphischen Benutzerunterstützung wird innerhalb von PLUS die Präsentation animierter Hilfe integriert. Es werden Benutzeraktionen simuliert, indem eine Animation über die aktuelle Benutzerschnittstelle gelagert wird. Die Animationssequenz wird im Kontext der momentan vom Benutzer verfolgten Aufgabe generiert.

1 Einleitung

Zielsetzung des PLUS-Projektes ist die Entwicklung und Implementierung eines planbasierten Hilfesystems unter Verwendung und Umsetzung bestehender Forschungsergebnisse aus verschiedenen Bereichen der Künstlichen Intelligenz. Dabei versteht man unter einem Plan eine Sequenz von Aktionen, die zur Bearbeitung einer Aufgabe und somit zum Erreichen eines bestimmten Zieles abgearbeitet werden müssen. Im Gegensatz zu den meisten bekannten Hilfesystemen, die für kommando-orientierte Schnittstellen entwickelt wurden (siehe z.B. [2], [6], [7], [20], [21]), arbeitet PLUS in Applikationen, die dem Benutzer graphische Benutzungsoberflächen zur Verfügung stellen, deren Interaktion auf dem Prinzip eines benutzergeführten Dialoges mittels direkter Manipulation (vgl. [15], [16]) basiert — sogenannte "Direkt-Manipulative Benutzerschnittstellen" (DMI).

Die Besonderheit solcher DMI-Umgebungen im Vergleich zu kommando- oder menübasierten Schnittstellen liegt in der großen Flexibilität des Benutzers bei der Ausführung von Aktionen. Die zu einem Plan gehörenden Aktionen unterliegen i.a. weder einer strengen Reihenfolgebeziehung, noch ist ein enger zeitlicher Zusammenhang für ihre Ausführung erforderlich. Der Benutzer kann mehrere Pläne parallel verfolgen und beliebig zwischen ihnen hin- und herspringen. Erleichtert diese Flexibilität einerseits dem erfahrenen Anwender die Arbeit mit einem solchen System, so kann andererseits der im Umgang mit einer DMI-Oberfläche ungeübte Benutzer aufgrund der entstehenden Komplexität leicht auf Probleme stoßen. Das im PLUS-Projekt zu entwickelnde Hilfesystem soll dabei einen menschlichen Experten ersetzen, den ein Benutzer in einer solchen Situation um Hilfe bitten würde, oder der ihm bei seiner Arbeit 'über die Schulter schaut' und ihm gegebenenfalls Ratschläge gibt, sobald er ein ineffizientes oder fehlerhaftes Vorgehen erkennt. Wie ein solcher Experte ist unser Hilfesystem im Gegensatz zu Handbüchern oder einer statischen Online-Hilfe in der Lage, kontextabhängig auf die Probleme des Benutzers einzugehen, indem er ihm Ratschläge bezüglich der von ihm aktuell bearbeiteten Aufgaben erteilt.

Um diesem Anspruch gerecht zu werden, soll unser Hilfesystem verschiedene Formen intelligenter Benutzerunterstützung bereitstellen — *aktive*, *passive*, *implizite* und *kooperative* Hilfe.

Abschnitt 2 gibt einen Überblick über die Architektur des PLUS Systems und beschreibt den Planerkennungsprozeß. In Abschnitt 3 folgt eine Beschreibung des graphikorientierten Planeditors PlanEdit[+], der eine komfortable, interaktive Eingabe der hierarchischen Planbasis in einer objektorientierten Oberfläche ermöglicht.

Um dem Benutzer eine adäquate Unterstützung bei seiner Arbeit in einer graphischen Bedienoberfläche geben zu können, bietet PLUS seine Hilfe ebenfalls graphisch aufbereitet an. Diese graphische Hilfe wird realisiert durch die Komponente InCome[+], die in Abschnitt 4 beschrieben wird. In Abschnitt 5 wird gezeigt, wie animierte Hilfe als sinnvolle Erweiterung graphischer Benutzerunterstützung eingesetzt werden kann.

2 Das System PLUS

Das zentrale Modul eines planbasierten Hilfesystems ist der Planerkenner. Während der Benutzer mit dem Anwendungssystem arbeitet, versucht der Planerkenner, die ausgeführten Aktionen auf Pläne abzubilden, um Annahmen bezüglich der vom Benutzer intendierten Ziele zu treffen. Diese Hypothesen bilden die Grundlage, um dem Benutzer verschiedene Arten von Hilfe anbieten zu können.

Es existieren zwei grundlegend verschiedene Ansätze zur Realisierung planbasierter Systeme. Man kann unterscheiden zwischen Systemen, bei denen zur Laufzeit mittels eines Plangenerierungssystems Pläne erzeugt werden, die als Grundlage für den Planerkenner dienen (vgl. z.B. [2]), und Systemen, dei denen eine vorgefertigte Planbasis die Grundlage für den Erkennungsprozeß bildet. Innerhalb von PLUS wird der zweite Ansatz verfolgt.

Um eine adäquate Umsetzung der Erfordernisse, die an eine Planerkennung in einer DMI-Umgebung gestellt werden, zu gewährleisten, wird in PLUS ein zweistufiger Planerkennungsprozeß verwendet. Die erste Stufe verarbeitet die *low-level Events* wie Mausaktionen und Tastatureingaben. Mit Hilfe dieser ersten Stufe der Planerkennung ist es möglich, bevorzugte Interaktionsstile des Benutzers zu erkennen — verwendet er häufiger die Maus oder bevorzugt er 'short-paths'[1] — und diese in einem einfachen Benutzermodell mitzuprotokollieren. Dieses Benutzermodell kann einerseits dazu verwendet werden, Hilfeinformation an die Gewohnheiten des Benutzers anzupassen, andererseits ist es auch möglich, auf fehlendes Wissen seitens des Benutzers bzgl. alternativer Interaktionskonzepte zu schließen und ihm eine entsprechende Hilfe anzubieten. Darüberhinaus kann diese Ebene beispielsweise auch bei der Generierung von Hilfesequenzen dazu verwendet werden, die effektivste Interaktion zum Ausführen einer bestimmten Aktion zu bestimmen. Dieser zweistufige Ansatz hat den Vorteil, daß die Ebene der Events behandelt wird, ohne den eigentlichen Planerkennungsprozeß zu belasten. Man kann die erste Ebene als eine Art Kurzzeitgedächtnis auffassen, welches nur den momentanen Zustand der aktuellen Ereignisse kennt.

Die Ergebnisse der ersten Planerkennungsstufe sind die vom Benutzer ausgeführten applikationsspezifischen Aktionen, die etwa als *Items* innerhalb von *Pulldown-Menüs* selektierbar sind. Diese Aktionen werden in einer Dialoghistorie gespeichert und dienen als Eingabe für die zweite Stufe des Planerkennungsprozesses, die durch das Modul PlanRecognizer[+] realisiert wird.

---

[1] 'Short-paths' können z.B. Tastenkombinationen zur Aktivierung von Menüfunktionen sein.

PlanRecognizer[+] versucht mit Hilfe eines *Spreading Activation* Algorithmus, die in der Dialoghistorie gespeicherten Aktionen auf Pläne in einer vorgefertigten hierarchischen Planbasis abzubilden. Eine Hierarchisierung der Planbasis ist unerlässlich, um dem Benutzer adäquate Unterstützung auf einem geeigneten Abstraktionsniveau geben zu können, und um einen effizienten Planerkennungsprozeß zu gewährleisten. Da logisch zusammenhängende Aktionssequenzen sehr oft in verschiedenen Plänen als Teilsequenzen auftauchen, ist es naheliegend, diese als eigenständige Pläne zu definieren, und sie dann als Teilpläne der entsprechenden abstrakteren Pläne zu definieren. Dadurch ergibt sich eine Planhierarchie mit mehreren Ebenen. Diese sogenannte *statische Planbasis* wird mittels des graphikorientierten Planeditors PlanEdit[+] eingegeben (vgl. Abschnitt 3).

Der Spreading Activation Algorithmus baut zur Laufzeit eine *dynamische Planbasis* auf. Das in der dynamischen Planbasis enthaltene hypothetische Wissen über die aktuell vom Benutzer verfolgten Pläne und Ziele wiederum dient zusammen mit einer Wissensbasis über allgemeine Hilfekonzepte als Grundlage für die Hilfekomponenten und für InCome[+] (vgl. Abb. 1).

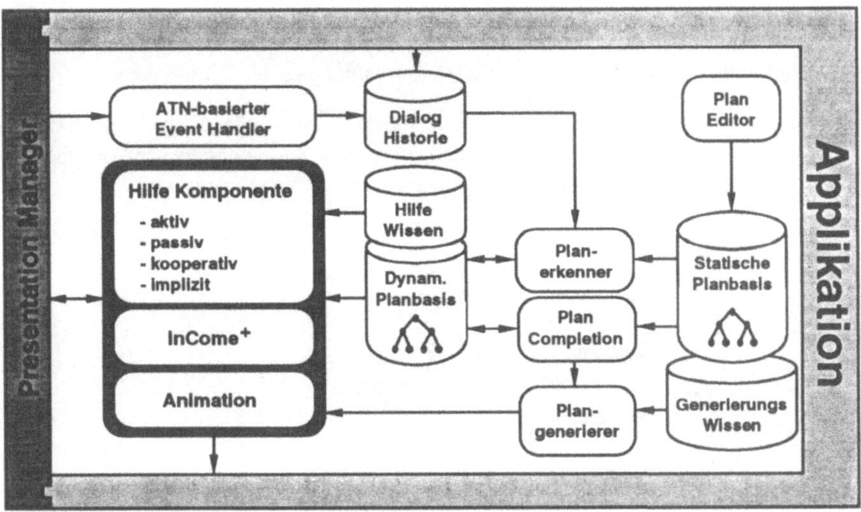

Abbildung 1: PLUS System-Architektur

Aufgrund der großen Flexibilität des Benutzers bei der Bearbeitung seiner Aufgaben kann die Zahl der in der dynamischen Planbasis enthaltenen Hypothesen sehr schnell wachsen. Um sie einzuschränken, verwenden wir eine Reihe von Fokussierungstechniken:

- Mit Hilfe von *Time Frames* werden die in der dynamischen Planbasis enthaltenen Pläne in verschiedene Klassen unterteilt. Diese Klassifizierung wird beispielsweise dazu verwendet, dem Benutzer bei einer Hilfeanforderung eine geeignete Auswahl der Planhypothesen zu präsentieren.

- Für jeden Plan können *Cancel-Aktionen* definiert werden, deren Ausführung durch den Benutzer zum sofortigen Verwerfen der jeweiligen Planhypothese führt. Ein typisches Beispiel für eine Cancel-Aktion ist das Löschen eines Objektes, das in der Parameterliste eines Planes enthalten ist.

- Pläne können auf bestimmte *Views*[2] beschränkt werden. Wird ein View geschlossen, so können alle mit diesem View assoziierten Planhypothesen verworfen werden.

---

[2]Views sind typisierte Windows, die eine bestimmte Sichtweise auf Objekte erlauben.

Durch die Beschränkung der Anzahl der Planhypothesen ist der Einsatz dieser Fokussierungstechniken auch ein wesentliches Hilfsmittel zum Erzielen einer annehmbaren Laufzeit, die wiederum ein wichtiges Kriterium für die Akzeptanz des Hilfesystems beim Benutzer ist.

Die folgenden Abschnitte enthalten detaillierte Beschreibungen der Komponenten *Planeditor*, *InCome+* und *Animation*.

3 Der Planeditor

Unsere Planhierarchie umfaßt 3 Typen von Objekten: *Aktionen*, *Pläne* und *Ziele*. Sie ist wie folgt aufgebaut (vgl. Abb. 2):

- Die unterste Ebene besteht aus den *Aktionen*, die der Benutzer bei seiner Arbeit mit der Applikation ausführen kann. Aktionen können Teile von Plänen sein.

- Ein *Plan* setzt sich zusammen aus einer Menge von Aktionen und/oder Teilzielen. Mit jedem Plan ist genau ein Ziel assoziiert, das durch die Ausführung des Planes erreicht wird.

- Ein *Ziel* kann auf verschiedenen Wegen erreicht werden, wobei jeder Weg einem Plan entspricht. Einige davon können suboptimal oder sogar falsch sein. Ziele können wie Aktionen Teile von abstrakteren, d.h. in der Hierarchie höher angesiedelten Plänen sein.

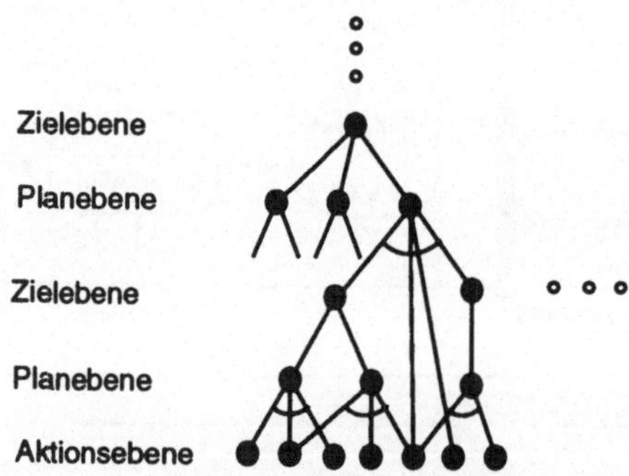

Abbildung 2: Planhierarchie

Für die in der Planbasis enthaltenen Elemente können eine Reihe von Eigenschaften definiert werden. Dazu wurde die Planbeschreibungssprache GPL+ entwickelt, mit deren Hilfe verschiedene eng mit einer DMI-Umgebung verknüpften Probleme wie *Optionalität, multiple Selektion, Iteration, Parallelität* sowie verschiedene *Sichten* auf Objekte modelliert werden können. Daneben können allgemein bei Planerkennung auftretende Merkmale wie *Parameter-* und *Zeit-Constraints, Planabbruch* und *Planinteraktionen* abgebildet werden. GPL+ bietet außerdem die Möglichkeit, die einzelnen Elemente mit Hierarchieinformation zu versehen, um so die Struktur der Planbasis zu definieren.

Aufgrund des Aufbaus unserer Planbasis — eine Objekthierarchie mit spezifischen Eigenschaften pro Objekt — war es naheliegend, einerseits eine objektorientierte interne Implementation der Planbasis zu wählen, und andererseits dem Plandesigner auch eine möglichst komfortable, objektorientierte Eingabemöglichkeit zur Verfügung zu stellen. Zu diesem Zweck wurde der graphikorientierte Planeditor PlanEdit+ entwickelt, der den interaktiven Aufbau der hierarchischen Planbasis in einer DMI-Oberfläche ermöglicht.

Abbildung 3 zeigt das Arbeitsfenster von PlanEdit+, in dem der größte Teil der Interaktion stattfindet. Die Elemente der Planbasis werden als graphische Objekte dargestellt. Jedes Objekt besteht aus einem Icon, das den Typ des Elementes repräsentiert, und dem Namen des Elementes.

In der *Type Box* in der unteren linken Ecke des Arbeitsfensters werden Icons für die in der Planbasis enthaltenen Objekttypen zur Verfügung gestellt — Aktionen, Pläne und Ziele. Diese Icons dienen als 'Reservoir' für das Erzeugen neuer Elemente. Die Eigenschaften der Elemente können in einer Reihe von Dialogboxen spezifiziert werden. Die Anordnung der Elemente im Arbeitsfenster ist beliebig, d.h. der Anordnung wird keine Bedeutung bezüglich der Struktur der Planbasis beigemessen.

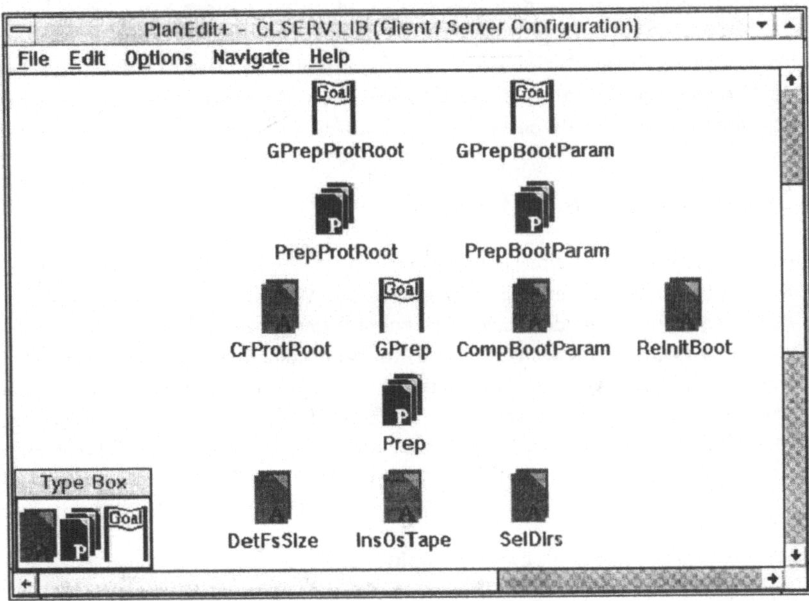

Abbildung 3: PlanEdit⁺ Arbeitsfenster

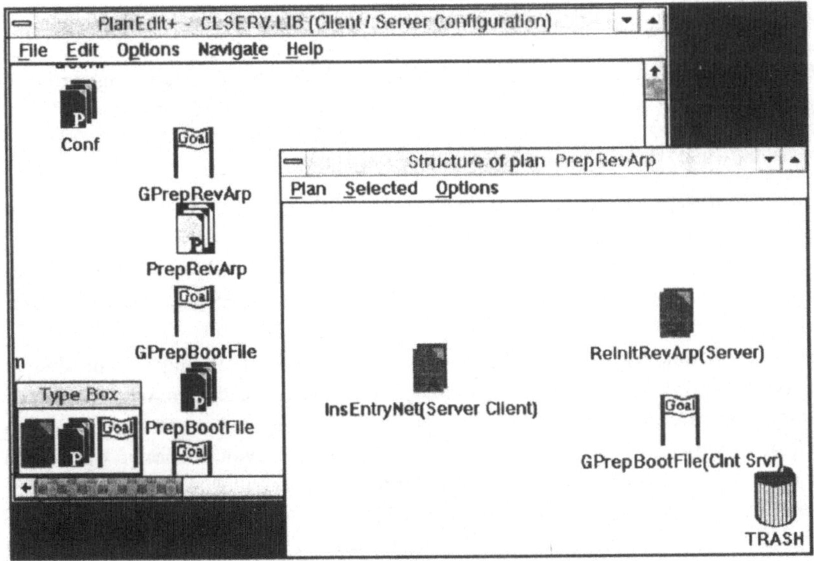

Abbildung 4: Verschiedene Fenstertypen in PlanEdit⁺

Da der Inhalt des Arbeitsfensters bei einer wachsenden Planbasis sehr schnell unübersichtlich wird, wurde ein zweiter Fenstertyp eingeführt, der es ermöglicht, sich die Struktur bereits definierter

Pläne und Ziele separat anzusehen und Modifizierungen vorzunehmen (vgl. Abb. 4, Beispiel eines Planfensters).

Im Gegensatz zum Arbeitsfenster entspricht die Anordnung der Objekte innerhalb eines Planfensters der durch die zeitlichen Constraints definierten logischen Abfolge der entsprechenden Elemente innerhalb des Planes. Die Elemente sind in chronologischer Folge von links nach rechts angeordnet. Für Elemente, die in einer Spalte angeordnet sind, sind untereinander keine zeitlichen Constraints spezifiziert.

Nach der vollständigen Spezifikation der Planbasis mit PlanEdit$^+$ wird ein entsprechendes Smalltalk-Modul zur Modellierung der internen, objektorientierten Repräsentation der statischen Planbasis erzeugt. Dieses Modul wird vom Planerkenner zur Laufzeit geladen.

4 Die Komponente InCome$^+$

Eine zentrale Komponente der graphischen Hilfe im PLUS System ist der *Interaction Control Manager* InCome$^+$ (vgl. [5], [18]). Er erzeugt eine graphische Visualisierung des aktuellen Interaktionskontextes, der Dialoghistorie und der möglichen zukünftigen Interaktionsschritte, die der Benutzer ausführen kann, um bestimmte Ziele zu erreichen. InCome$^+$ bietet somit dem Benutzer eine schnelle und hilfreiche Erinnerungsstütze, um zum Beispiel eine temporär unterbrochene Arbeit mit dem Computer wieder aufzunehmen. Es unterstützt den Benutzer beim Verlassen von Systemzuständen, die ihm nicht vertraut sind, und beim explorativen Agieren (vgl. [12]), indem die nächsten möglichen Interaktionsschritte zum Erreichen eines Ziels visualisiert werden. InCome$^+$ erfüllt folgende Anforderungen :

- Adäquate Visualisierung von Benutzerinteraktionen,

- Darstellung verschiedener Abstraktionsebenen von Plänen (interaktiv veränderbar),

- Visualisierung möglicher zukünftiger Interaktionen,

- Graphische Navigationsfunktionen,

- Darstellung von Planinteraktionen wie Planeinbettung, Planüberlappung und Planunterbrechung, und

- Semantische Undo/Redo Möglichkeiten.

Die beiden Komponenten, auf die InCome$^+$ zurückgreift, sind der Planerkenner und die Planvervollständigungskomponente. Die Planvervollständigungskomponente generiert auf Anfrage gültige Aktionssequenzen für Planhypothesen, die in der dynamischen Planbasis enthalten sind. Dabei werden zeitliche Constraints erfüllt und anhand der Parameter-Constraints bekannte Parameterwerte propagiert.

InCome$^+$ wird fortlaufend über den Planerkennungsprozeß informiert. Aus den eingehenden Daten generiert InCome$^+$ eine interne Darstellung des Interaktionskontextes und visualisiert diese analog zu einem gerichteten Graphen auf dem Bildschirm. Die Instanzen der Objektklassen Plan, Aktion und Ziel sind durch Knoten dargestellt. Um die Sequenz von Aktionen eines Plans widerzuspiegeln, werden die Knoten eines Plans mit Pfeilen verbunden (siehe Abb. 5).

Die Darstellung des Graphen reflektiert von oben nach unten die chronologische Reihenfolge der ausgeführten Aktionen. Da InCome$^+$ nicht nur die bereits ausgeführten Aktionen und erkannten Pläne visualisiert, sondern auch mögliche zukünftige Interaktionen, werden zur Unterscheidung dieser beiden Klassen die dargestellten Knoten in unterschiedlicher Farbe visualisiert.

In Abbildung 5 sind die drei modellierten Objektklassen Aktion, Plan und Ziel sichtbar. Eine Aktion wird als einzelnes Blatt Papier, ein Plan als ein Stapel von Blättern visualisiert. Das zu einem

Plan gehörende Ziel wird am Ende der Aktionssequenz des Plans durch eine stilisierte Zielfahne visualisiert.

Abbildung 5: Dargestellte Elemente in InCome+

InCome+ präsentiert sich in einem eigenen Fenster. Die dargestellten Knoten sind maussensitiv. Die InCome+-spezifischen Aktionen werden in *Pull-down Menus* zusammengefaßt. Benutzeraktionen in InCome+ können in drei Kategorien aufgeteilt werden :

- Graphische Navigation,

- Hierarchische Navigation, und

- Indirektes Interagieren mit der Applikation.

Graphische Navigation enthält Aktionen wie *scrolling, overview* und *suchen* von Knoten nach bestimmten Suchkriterien. Das *Overview*-Fenster enthält den gesamten visualisierten Graphen, der graphisch abstrahiert und in einer reduzierten Größe dargestellt wird. Innerhalb des *Overview*-Fensters werden weitere navigatorische Aktionen angeboten wie indirektes und direktes Positionie-ren des *InCome+*-Fensters. Zusätzlich kann die lineare Dialoghistorie in einem separaten Fenster angezeigt werden. In dieser Darstellung werden *reversible Aktionen* und in der Applikation gesetz-te *freezing-points* visuell hervorgehoben. In Abbildung 6 ist im linken unteren Fenster die lineare Dialoghistorie sichtbar. Die ikonifiziert dargestellten und nach oben gerichteten Pfeile markieren reversible Aktionen.

Hierarchische Navigation erlaubt die Darstellung visualisierter Pläne in verschiedenen Ab-straktionsstufen. Durch die Modellierung der unterschiedlichen Planinteraktionen in der hierarchi-schen Planbasis und deren Behandlung während des Planerkennungsprozesses baut InCome+ eine Visualisierung auf, die die Planinteraktionen reflektiert (vgl. Abb. 7 und Abb. 8). Es werden Akti-onen zum *Expandieren* und zum *Abstrahieren* von Plänen angeboten. In Abb. 7 überlappen sich die beiden Pläne *PrepBootParam(C,S)* und *PrepProtRoot(S,C)* mit dem Plan *Prep(C,S)*.

Zusätzlich zu diesem stufenweisen vertikalen Bewegen in der Hierarchie wird eine analog zu einem *Fish-Eye Objektiv* arbeitende Funktion angeboten. Dabei wird jedes Objekt, welches nicht im In-teressenbereich des Benutzers liegt, soweit wie möglich abstrahiert, ohne die Abstraktionsebene des fokussierten Bereichs zu verändern.

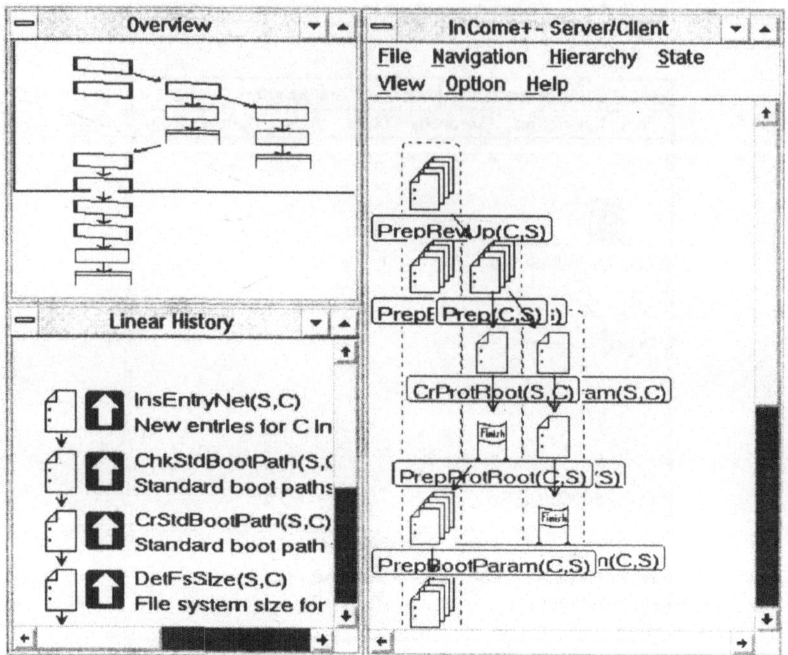

Abbildung 6: Lineare Historie und Overview

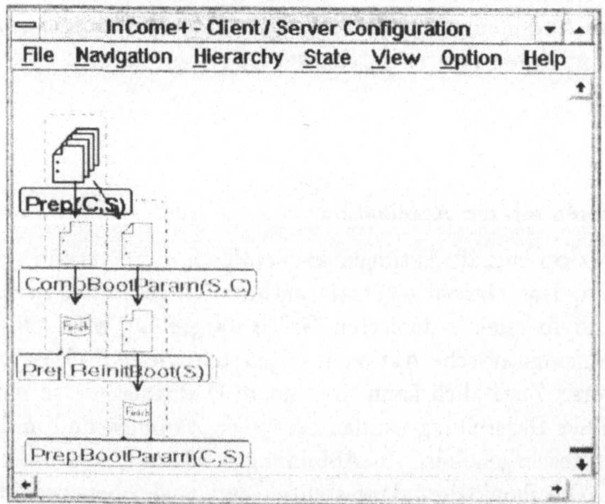

Abbildung 7: Überlappende Darstellung

Ein **indirektes Interagieren** mit der Applikation wird durch einen *tutoriellen Modus* und durch den Zugriff auf *Undo-* und *Redo-Mechanismen* der Applikation ermöglicht.

Der Benutzer selektiert ein Ziel, zu dem er 'geführt' werden möchte, und aktiviert den tutoriellen Modus. InCome[+] erfragt daraufhin die optimale Aktionssequenz zum Erreichen des gewählten Ziels von der Planvervollständigungskomponente. Die erhaltene Aktionssequenz wird in einem separaten Fenster textuell in einer Art *To-Do-List* dem Benutzer visualisiert (vgl. Abb. 9). Von jetzt an beobachtet InCome[+] die Interaktionsschritte des Benutzers und vergleicht diese mit der *To-Do-List*. Die anschließend vom Benutzer korrekt ausgeführten Aktionen der *To-Do-List* werden mit einer

Markierung versehen. Nach jeder Aktion wird die *To-Do-List* entsprechend sortiert, damit sie die nun gültige Aktionssequenz zum Erreichen des gewählten Ziels reflektiert (vgl. Abb. 10).

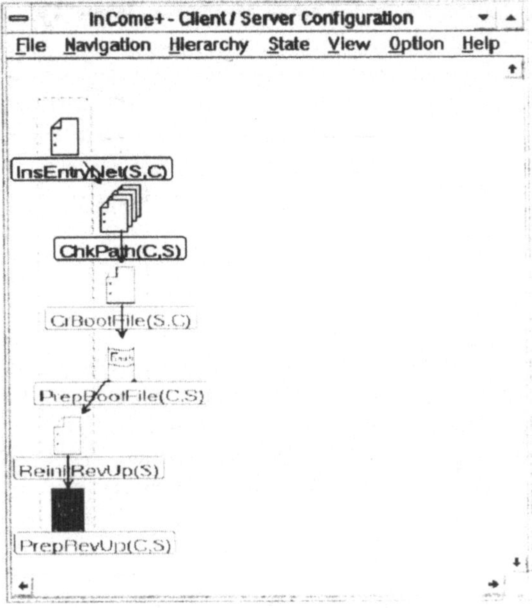

Abbildung 8: Planeinbindung

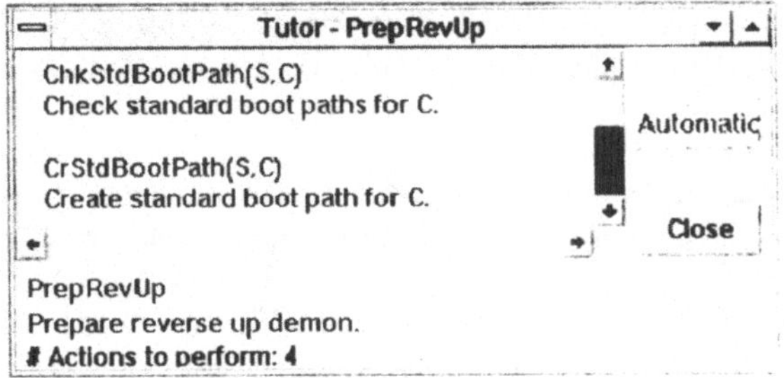

Abbildung 9: Tutorieller Modus

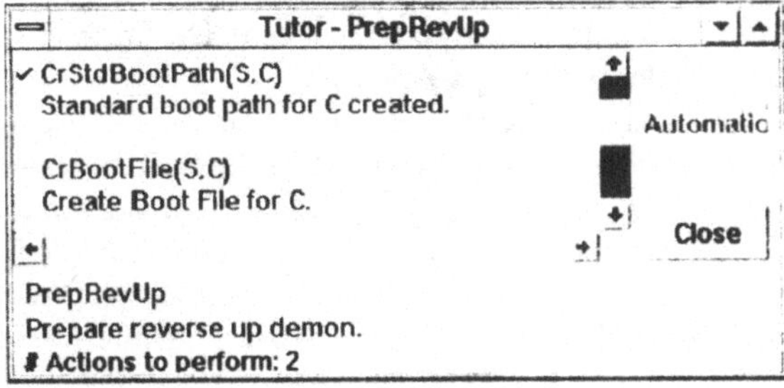

Abbildung 10: Tutorieller Modus mit bereits ausgeführten Aktionen

Hat der Benutzer eine Aktion ausgeführt, die es unmöglich macht, das gewählte Ziel zu erreichen, informiert ihn InCome+ über diesen Zustand. Kann die Aktion storniert werden oder kann der

Systemzustand, der vor der Ausführung der Aktion gültig war, erreicht werden, zeigt InCome[+] dem Benutzer die notwendigen Schritte zum direkten (via reversibler Aktionen) bzw. indirekten (via Zurücksetzen auf *freezing-points* und eventuelles *Redo* von Aktionen) Stornieren der Aktion an.

InCome[+] bietet eine Schnittstelle zu den Undo-Mechanismen der Applikation an. Um zwei verschiedene Undo Prinzipien (funktionsorientiert vs. zustandsorientiert; siehe u.a. [13], [14], [23]) behandeln zu können, arbeitet InCome[+] mit einem erweiterten funktionsorientierten Ansatz unter Verwendung von *freezing-points* (vgl. [12]), auf die mit Hilfe von Applikationsfunktionen zurückgesetzt werden kann. Durch die Darstellung des Interaktionskontextes auf einer abstrakteren Ebene als der Aktionsebene, ist der Benutzer in der Lage, Stornierungen auf einer *semantischen Ebene* (der Planebene) auszudrücken. Die Unterstützung eines *freien Undos* (siehe u.a. [13]) ist im jetzigen System nicht vorgesehen.

5 Animierte Hilfe

Einen weiteren Aspekt der graphischen Benutzerunterstützung stellt die Anbindung animierter Hilfe dar. Konventionelle als auch wissensbasierte Hilfesysteme stoßen mit einer rein textuellen Darstellung an ihre Grenzen, sobald der Benutzer Unterstützung zur Durchführung einzelner Interaktionsschritte einer Applikation benötigt, wenn es also um die Beantwortung von Fragen oder Aufforderungen folgender Form geht: *"Wie füge ich Objekt A zum Container-Objekt B hinzu ?"* oder *"Zeige mir bitte, wie ich nur die Objekte X, Y und Z angezeigt bekomme."*. Ein generierter Hilfetext könnte möglicherweise lauten: *"Bewege die Maus zu der Position des Objektes A und drücke die linke Maustaste nieder. Bewege nun mit niedergedrückter Taste die Maus zu der Position des Container-Objektes B. Lasse die Maustaste wieder los."*. Es wird deutlich, daß eine animierte Sequenz der Interaktionsschritte dem Benutzer eine adäquatere Unterstützung bietet.

Innerhalb des PLUS-Projektes wird eine Animationskomponente entwickelt, die, im Gegensatz zu bisherigen Systemen mit animiert dargestellter Hilfe, wie z.B. das System *GAK (Graphical Animation from Knowledge*, vgl. [11]) oder die animierte Hilfe im System *Cartoonist* (u.a. [8], [17]), einen stärkeren Bezug zur momentan vom Benutzer verfolgten Aufgabe erreicht. Durch die Anbindung der Animationskomponente an den Planerkenner und die Planvervollständigungskomponente kann die Animationskomponente auf Anfrage gezielt für eine Planhypothese eine Sequenz von Animationsschritten generieren, wobei durch den Erkennungsprozeß bereits bekannte Parameterwerte propagiert werden.

Die Generierung der Animationsschritte erfolgt in zwei Phasen. In der ersten Phase komplettiert die Planvervollständigungskomponente eine Planhypothese durch die Generierung einer Aktionssequenz. Diese Aktionssequenz dient der Animationskomponente als Grundlage für die inkrementelle deduktive Erzeugung der Animationsschritte (zweite Phase). Die Animationskomponente greift hierbei auf die in der Wissensbasis für jede Aktion definierten Vor- und Nachbedingungen zu. Durch die inkrementelle Generierung kann auf den jeweils nach einer Ausführung von Animationsschritten veränderten Bildschirmkontext Bezug genommen werde.

Die Durchführung der Animationsschritte erfolgt durch imitierte Mauseingaben, die von der Animationskomponente erzeugt werden. Die simulierten Mausaktionen werden der Benutzungsoberfläche so zugeführt, daß diese reagiert, als würden die Eingaben vom Benutzer stammen.

Die Wissensbasis ist in die Teile *aktionsspezifisches*, *animationsspezifisches*, *generisches* und *interfacespezifisches* Wissen untergliedert. Die Wissensbasis dient als eine Erweiterung der statischen Planbasis und ist nur durch die Teile des *aktionsspezifischen* und *interfacespezifischen* Wissens applikationsabhängig.

Durch die Repräsentation von generischen Interfacekonzepten in der Wissensbasis können auch navigatorische Animationsschritte generiert werden. So werden z.B. Animationssequenzen zum Verschieben des sichtbaren Bereiches eines Fensters oder zum Hinzufügen von Objekten, die in der aktuellen Darstellung ausgeblendet sind, generiert.

6   Implementation

Der Prototyp des PLUS-Systems wurde in Smalltalk/V PM unter dem Betriebssystem OS/2 auf einem IBM PS/2 mit 8MB Hauptspeicher entwickelt. Das Design und die Implementierung des Prototypen orientieren sich an modernen Programmentwurfsmethoden und Konzepten der objektorientierten Softwareentwicklung (siehe u.a. [3], [22]). Dabei konnte die Struktur der objektorientierten Benutzungsoberfläche (Presentation Manager) des OS/2 Betriebssystems dank der sehr guten Einbettung des Smalltalk/V Systems ausgenutzt werden.

7   Zusammenfassung und Ausblick

In diesem Papier haben wir gezeigt, wie graphische Hilfe als adäquates Mittel zur Benutzerunterstützung eingesetzt werden kann. Dabei zeigt die Integration von Animation in ein Hilfesystem eine interessante Perspektive auf. Allerdings beschränkt sich bis jetzt die Verknüpfungen von Animation und Hilfekomponente auf die Ebene der Simulation von Mausinteraktionen mit einer mehr oder weniger animierten Darstellung ihrer Kausalität. Da Animation generell eine Visualisierung von Handlungssequenzen darstellt, ist für die Visualisierung von Handlungssequenzen, die eine Manipulation des Eingabemediums zeigen, eine Generierung von realistischer 3D-Animation erforderlich, da sie nun 3D-Objekte aus der 'realen' Welt (wie Eingabemedium und Hand) umfaßt. Eine realistische 3D-Animation ist essentiell, da gerade neue Eingabemedien (*3D-Mäuse, Data Gloves* oder *Dat-Suits*, vgl. u.a. [9]) die dritte Dimension als weiteres Eingabedatum einführen. Interessant ist die Integration dieser generierten Präsentation in Systeme wie PLUS, um zusätzlich die Handhabung des Eingabemediums, im Kontext der aktuellen Aufgabe des Benutzers, visualisieren zu können (vgl. [10]).

Arbeiten über planbasierte Hilfesysteme haben gezeigt, daß es schwer ist, aufgrund der beobachteten Aktionen eindeutig auf das Ziel des Benutzers zu schließen. Hieraus wird ersichtlich, daß eine ausschließliche Verwendung von Animation oftmals nicht ausreichen kann, um dem Benutzer eindeutig ein Ziel zu vermitteln. Eine Erweiterung durch Text, der die Animation erklärend ergänzt, erscheint notwendig (siehe [1]; vgl. hierzu auch Erklärungskomponenten [19] und Klärungsdialoge [4]).

8   Danksagung

Die in diesem Papier vorgestellten Forschungsarbeiten wurden innerhalb des Kooperationsprojektes PLUS (**PL**an-based **U**ser **S**upport) zwischen dem IBM Labor Böblingen, der IBM Deutschland GmbH und dem DFKI durchgeführt. Die Laufzeit von PLUS beträgt 2 Jahre (1.10.1990 - 30.9.1992). Folgende Wissenschaftler sind im PLUS Projekt involviert: Prof. Dr. Wolfgang Wahlster (DFKI), Frank Berger (DFKI), Markus A. Thies (DFKI), Dr. Thomas Fehrle (IBM Labor) und Volker Schölles (IBM Labor).
Wir danken Wolfgang Wahlster und Thomas Fehrle für wertvolle Anregungen zu dieser Arbeit.

9   Literaturverzeichnis

[1] N. I. **Badler**, B. A. **Barsky**, und D. **Zeltzer**. *Making Them Move: Mechanics, Control, and Animation of articulated Figures.* San Mateo, California: Morgan Kaufmann Publishers, Inc, 1991.

[2] M. **Bauer**, S. **Biundo**, D. **Dengler**, M. **Hecking**, J. **Köhler**, und G. **Merziger**. *Integrated Plan Generation and Recognition - A Logic-Based Approach.* In: W. Brauer und

D. Hernández (Hrsg.), Verteilte Künstliche Intelligenz und kooperatives Arbeiten. 4. Internationaler GI-Kongress Wissensbasierte Systeme, Berlin, Heidelberg, 1991. Springer. Also DFKI Research Report RR-91-26.

[3] Grady **Booch**. *Object Oriented Design with Applications.* Redwood City, California, USA: The Benjamin/Cummings Publishing Company, 1991.

[4] Th. **Fehrle**. *Menüorientierte, wissensbasierte Klärungsdialoge für ein natürlichsprachliches Auskunftssystem.* Dissertation, Institut für Informatik der Universität Stuttgart, 1989.

[5] Th. **Fehrle** und M.A. **Thies**. *InCome: A System to Navigate through Interactions and Plans.* In: H.-J. Bullinger (Hrsg.), Human Aspects in Computing: Design and Use of Interactive Systems and Information Management, Amsterdam, London, New York, Tokyo, 1991. Elsevier Science Publishers B.V.

[6] T. W. **Finin**. *Providing Help and Advice in Task Oriented Systems.* In: Proc. IJCAI-83, S. 176–178, Karlsruhe, Deutschland, 1983.

[7] G. **Fischer**, A. **Lemke**, und T. **Schwab**. *Knowledge-based Help Systems.* In: Proceedings CHI-85, San Francisco, CA, 1985.

[8] J. D. **Foley**, C. **Gibbs**, W. C. **Kim**, und S. **Kovacevic**. *A Knowledge-based User Interface Management System.* In: CHI'88 Human Factors in Computer Systems, Conference Proceedings, Washington, D.C., 1988.

[9] J.D. **Foley**, A. **van Dam**, S. **Feiner**, und J. **Hughes**. *Computer Graphics. Principles and Pratice.* The Systems Programming Series. Menlo Park, California: Addison-Wesley Publishing Company, 2. Auflage, 1990.

[10] W. **Graf** und M. A. **Thies**. *Perspektiven zur Kombination von automatischem Animationsdesign und planbasierter Hilfe.* Research Report RR-92-09, German Research Center for AI (DFKI), 1992.

[11] D. **Neiman**. *Graphical Animation from Knowledge.* In: Proceedings of AAAI, 1982.

[12] H. **Paul**. *Exploratives Agieren in interaktiven EDV-Systemen.* In: B. Endres-Niggemeyer, T. Herrmann, A. Kobsa, und D. Rösner (Hrsg.), Interaktion und Kommunikation mit dem Computer. Informatik Fachbericht 238. Berlin: Springer Verlag, 1989.

[13] M. **Rathke**. *UNDO/REDO - Szenarien und Anforderungen für eine anwendungsneutrale Implementierung.* In: M. Paul (Hrsg.), GI - 17. Jahrestagung Computerintegrierter Arbeitsplatz im Büro, Berlin, Heidelberg, New York, London, Paris, Tokyo, 1987. Springer.

[14] M. **Rathke**. *Erweiterung interaktiver Anwendungen um Undo-Mechanismen.* In: Software Ergonomie: Aufgabenorientierte Systemgestaltung und Funktionalität, GI Band 32, Stuttgart, 1989. Teubner.

[15] B. **Shneiderman**. *Direct Manipulation: A step beyond programming Languages.* IEEE Computer, 16, 1983.

[16] B. **Shneiderman**. *Designing the User Interfaces: Strategies for effective Human-Computer Interaction.* Massachusetts: Addison Wesley, 1987.

[17] P. **Sukaviriya** und J. D. **Foley**. *Coupling A UI Framework with Automatic Generation of Context-Sensitive Animated Help.* In: Proceedings of ACM SIGGRAPH 1990 Symposium on User Interface Software and Technology (UIST'90), S. 152–166, Snowbird, Utah, October 1990.

[18] M. A. **Thies**. *Interaction Control Manager: Ein System zum Navigieren durch Interaktionen und Pläne*. Diplomarbeit, Fakultät Informatik, Universität Stuttgart, Deutschland, 1990.

[19] W. **Wahlster**. *Natürlichsprachliche Argumentation in Dialogschnittstellen*. Informatik Fachberichte 48. Springer-Verlag, 1981.

[20] W. **Wahlster**, D. **Dengler**, M. **Hecking**, und C. **Kemke**. *SC: The SINIX Consultant*. In: P. Norvig, W. Wahlster, und R. Wilensky (Hrsg.), Intelligent Help Systems for Unix - Case Studies in Artificial Intelligence. Heidelberg: Springer, 1990.

[21] R. **Wilensky**, D. N. **Chin**, M. **Luria**, J. **Martin**, J. **Mayfield**, und D. **Wu**. *The Berkeley UNIX Consultant Project*. Computational Linguistics, 14:35–84, 1988.

[22] P. **Wisskirchen**. *Object-Oriented Graphics. From GKS and PHIGS to Object-Oriented Systems*. Symbolic Computation. Berlin, Heidelberg: Springer-Verlag, 1990.

[23] Y. **Yang**. *Current Approaches & New Guidlelines for Undo Support Design*. In: H.-J. Bullinger und B. Shackel (Hrsg.), Human-Computer Interaction - INTERACT'90, North-Holland, 1990. Elsevier Science Publishers B.V.

Vervollständigung von Layouts durch assoziative Verfahren

Gerhard Paaß

Gesellschaft für Mathematik und Datenverarbeitung (GMD)

D-5205 St. Augustin

E-mail: paass@gmdzi.gmd.de

Zusammenfassung

Geometrische Anordnungen lassen sich – auch wegen unzulänglicher sprachlicher Ausdrucksmöglichkeiten – verbal oft nur schwierig beschreiben. Der Aufsatz diskutiert assoziative Verfahren, welche die Strukturmerkmale geometrischer Layouts aus einer Reihe von Beispielen lernen. Es werden unterschiedliche Repräsentationsformen diskutiert, die im Bereich der Bilderkennung entwickelt wurden und die Darstellung mehrerer Objekte gestatten. Für die Konfiguration von Büros wird eine spezielle Repräsentation ausgewählt, welche translations- und rotationsinvariant ist. Ergebnisse eines ersten einfaches linearen Assoziationsverfahrens werden diskutiert und Verbesserungsmöglichkeiten erörtert.

1. Einleitung

Die Vervollständigung geometrischer Situationen ist eine interessante Anwendung der KI. Logikbasierte Verfahren formalisieren geometrische Sachverhalte und inhaltliche Constraints durch Regeln und leiten hieraus eine mögliche Konfiguration ab. Ein großes Problem der Wissensakquisition ist die Formulierung dieser Regeln und die Auflösung möglicher Widersprüche. Das in diesem Papier beschriebene Verfahren verzichtet daher auf Regeln und verwendet die in einer Beispielsammlung enthaltene Information.

Grundlage des Ansatzes sind statistisch assoziative Verfahren aus der Mustererkennung und der Theorie der neuronalen Netze. Diese Verfahren sind in der Lage, einen Eingabevektor x, welcher fehlende oder fehlerhafte Daten enthält, in optimaler Weise zu korrigieren bzw. zu vervollständigen. Die Parameter der Verfahren werden so festgelegt (gelernt), daß die Fehler bei der Vervollständigung einer Menge von Beispielen minimal sind. Es gibt eine Reihe theoretischer Resultate, nach denen sich auf diese Weise statistische oder funktionale Zusammenhänge mit beliebiger Genauigkeit durch ein Netzwerk mit ausreichender Komplexität approximieren lassen.

Eine Schwierigkeit der Anwendung assoziativer Verfahren auf geometrische Sachverhalte ist, daß der Eingabevektor x a priori keinerlei Nachbarschaftsstruktur enthält. Es müssen damit zusätzliche Vorkehrungen getroffen werden damit das Verfahren Relationen zwischen Objekten, wie etwa Winkel, Entfernungen, Orientierung und Nachbarschaft erfassen kann. Damit ist die Frage der Repräsentation, d.h. die Abbildung des Raumes auf den Input-Vektor x von entscheidender Bedeutung für den Erfolg der Verfahren.

Bisherige Ansätze zum Design von Raumeinrichtungen wurden im Bereich der Expertensysteme vorgeschlagen. Cao et al. [1990] benutzen verteilte Planungsmethoden, um den Grundriß eines Hauses und die Anordnung der Möbel zu bestimmen. Junker [1991] verwendet Techniken der nichtmonotonen Logik, um teilweise widersprüchliche Anforderungen auszugleichen. Fischer & Nakakoji [1991] betonen die Notwendigkeit der schrittweisen Erarbeitung einer Lösung im Dialog mit dem Benutzer. Sie diskutieren interaktive Designverfahren, bei denen der Rechner Teilkonfigurationen kritisiert, Vorschläge zu Detailfragen generiert und fertige Beispiellösungen zugänglich macht. Das Design technischer Funktionseinheiten, z.B. elektronischer Chips, werden meist als ein Optimierungsproblem formuliert und weitgehend automatisch gelöst [Kuh &Ohtsuki, 1990; Kim et al. 1991]. Hingegen sind assoziative Techniken und neuronaler Netze im Bereich des Computer-Aided Design nahezu unbekannt [Thornton, 1991]

Im nächsten Abschnitt werden eine Reihe von Repräsentationsformen für assoziative Verfahren diskutiert. Im Rahmen des Verbundprojektes TASSO[*] wurde die Vervollständigung von Büroeinrichtungen als eine prototypische Anwendung ausgewählt. Die hierzu gewählte Repräsentation wird im anschließenden Abschnitt vorgestellt. Erste Testrechnungen mit einem einfachen linearen Assoziationsverfahren werden im darauffolgenden Abschnitt dargestellt. Der Aufsatz wird abgeschlossen durch eine kurze Zusammenfassung und Bewertung der Ergebnisse.

2.   Repräsentation multipler geometrischer Objekte in assoziativen Ansätzen

Assoziatives geometrisches Schließen

Im Bereich der künstlichen Intelligenz wurde *räumliches Schließen* schon seit längerem verwendet, um die Position, die Form und die Bewegung physikalischer Objekte und anderer räumlich begrenzter Größen aus vorgegebenen Randbedingungen herzuleiten. Der Raum kann dabei zwei- oder dreidimensional sein. Zu jedem Zeitpunkt belegt ein Objekt ein zusammenhängendes Gebiet des Raumes. Es ist nicht einfach, eine Beschreibungssprache für räumliches Wissen zu finden, welche gleichzeitig ausdrucksmächtig, wohldefiniert und leicht zu verarbeiten ist. Besonders schwierig ist die Beschreibung von Formen. Es werden insbesondere folgende Repräsentationsansätze diskutiert: CSG (constructive solid geometry), verallgemeinerte Zylinder, oct-trees, Polyeder, Quadriken und erweiterte Gaußsche Abbildungen [Ballard, Brown 1982]. Jede dieser Darstellungen kann allein solche Formen exakt beschreiben, welche in der jeweiligen Formklasse liegen. Beispielsweise können runde Formen nur approximativ durch Polyeder charakterisiert werden. Relative Positionen werden einerseits gekennzeichnet durch topologische Beziehungen, wie "innerhalb", "überlappend", oder "neben". Alternativ kann man die relative Lage einzelner Punkte der Objekte betrachten, wie "Das Zentrum von A liegt unterhalb des Zentrums von B".

---

[*] Technische Assistenzsysteme zur Verarbeitung ungenauen Wissens. TASSO wird teilweise vom Bundesministerium für Forschung und Technologie unter dem Förderungskennzeichen ITW 8900 A7 finanziert.

Die meisten *assoziativen Verfahren* lassen sich als eine Funktion

$$y = f(x) \tag{1}$$

charakterisieren, welche einen Inputvektor x in einen Outputvektor y transformiert. Die Vektoren x und y können einerseits quantitative Variable sein, z.B. Länge, Koordinaten. Zum anderen können sie aber auch den Grad der Gültigkeit (bzw. Wahrscheinlichkeit) einer Aussage (z.B. "Objekt ist ein Tisch") kodieren, . Sind x und y verschieden, so spricht man von Heteroassoziation, bei der man einen "Reiz" x mit einer "Reaktion" y assoziiert. Enthalten x und y die gleichen Variablen, so handelt es sich um Autoassoziation, welche zur Korrektur von falschen oder unplausiblen Eingaben oder zur Ergänzung fehlender Komponenten in x verwendet werden kann.

Assoziatives geometrisches Schließen betrachtet ebenfalls eine Szene mit mehreren Objekten. Hierbei wird die räumliche Anordnung der Objekte nicht durch "harte" deterministische Regeln, sondern durch die "weiche" Ähnlichkeit zu Beispielen charakterisiert. Wie beim räumlichen Schließen muß die Position, die Orientierung und die relativen Lage der einzelnen Objekte im Raum dargestellt werden. Um assoziative Verfahren (1) anwenden zu können, müssen diese Merkmale in einen Merkmalsvektor x kodiert werden. Die Auswahl dieser Kodierung ist ein entscheidender Schritt für den Erfolg assoziativer Verfahren. Sie wurde ausführlich im Rahmen von *neuronalen Bilderkennungsverfahren* diskutiert. Die wichtigsten Ergebnisse einer Zusammenstellung derartiger Repräsentationen [Paaß, 1992, S.10-48] sollen im folgenden dargestellt werden.

Repräsentationen bei neuronalen Bilderkennungsverfahren

Die Vektoren in (1) beinhalten unterschiedliche Eigenschaften (z.B.) Länge, Breite, Formparameter, Koordinaten, welche im allgemeinen auf ein bestimmtes Objekt bezogen werden. Im Rahmen des assoziativen geometrischen Schließens führt dies zu Schwierigkeiten, weil eine Szene in aller Regel mehrere Objekte enthält und es nicht mehr klar ist, auf welches Objekt sich eine Eigenschaft bezieht (*Bindungsproblem*).

Darüberhinaus sind geometrische Zusammenhänge zwischen Objekten oft dadurch gekennzeichnet, daß weniger die absolute Position der Objekte im Raum, sondern die relative Lage der Objekte wichtig ist. Anders gesagt bleibt eine räumliche Anordnung von Objekten oft auch dann gültig, wenn die Objekte gemeinsam verschoben oder rotiert werden. Eine solche *Translations- und Rotationsinvarianz* gilt auch in unserem Anwendungszusammenhang (Büroeinrichtung). Wir benötigen daher eine Repräsentation für assoziative Zusammenhänge, welche sich auf Vektoren (1) abbilden läßt, das Bindungproblem löst und zudem noch translations- und rotationsinvariant ist

Die meisten der untersuchten Repräsentationen betrachten die geometrische Situation in mehreren Abstraktionsstufen, welche als unterschiedliche Ebenen (Layer) in den neuronalen Netzen repräsentiert sind. Die einfachen Merkmale des Input-Layers (z.B. schwarz/weiße Pixel, Kantenstücke) werden in eine oder mehrere höhere Layer abgebildet, die abstraktere Konzepte enthalten (z.B. Quadrate und andere geometrische Formen).

Die Darstellung ist im allgemeinen nicht objektzentriert, sondern **raumzentriert**, d.h. es werden kleine Gebiete des Raumes ("grobe Pixel") charakterisiert und das Objekt beschrieben, welches dort zu finden ist. Im Gegensatz zur Anzahl der Objekte ist die Anzahl der groben Pixel fest vorgegeben und daher wesentlich leichter durch Vektoren zu charakterisieren. Da ein und derselbe Raum nicht gleichzeitig mehrere physikalische Objekte enthalten kann, wird zudem der Einfachheit halber davon ausgegangen, daß ein Pixel lediglich ein Objekt enthält oder leer ist. Grenzfälle, bei denen innerhalb eines Pixels mehrere Objekte zusammenstoßen, werden ignoriert.

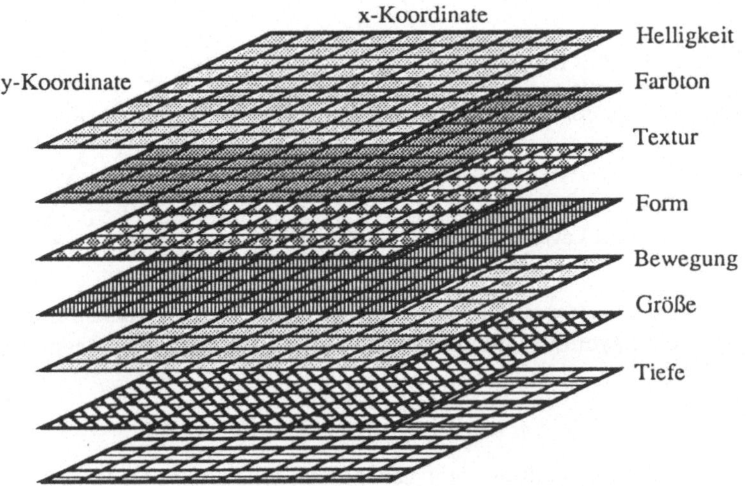

Abb.1   Merkmalskarten zur gleichzeitigen Darstellung mehrerer Eigenschaften

Jedem Pixel, beziehungsweise dem darin enthaltenen Objekt, können mehrere Eigenschaften zugeordnet werden, z.B Größe, Farbton, etc. Der Grad mit dem diese Eigenschaften zutreffen werden durch Indikatorvariablen charakterisiert, welche in Merkmalskarten (feature maps) zusammengefaßt sind. Abb. 1 enthält hierzu ein Beispiel.

Merkmalskarten sind ein Beispiel für eine *lokalistische* Kodierung, da für jede Variable die Bedeutung explizit vorgegeben ist. Ein Layer enthält jeweils eine Reihe von Merkmalskarten eines gemeinsamen Abstraktionsniveaus. Die Abbildung zwischen den Layern wird per Hand konstruiert falls es eine kausale oder definitorische Beziehung zwischen den Ebenen gibt. Durch eine spezielle funktionale Gestalt der Abbildung zwischen den Layern (z.B. Fourier-Transformationen [Okajima 1991] läßt sich die Rotations- oder Translationsinvarianz sicherstellen.

Ist der Zusammenhang nichtdeterministisch und assoziativ, so wird die Abbildung zwischen benachbarten Layern durch statistische Verfahren aus Beispielen bestimmt. Hierbei werden die freien Parameter (Gewichte) der Netze durch Optimierungsverfahren derart festgelegt, daß der Abbildungsfehler minimal wird. Zusätzliche Layer mit *latenten Variablen* (hidden variables) werden genutzt, um eine hochgradige Flexibilität der Abbildung zu gewährleisten (vgl. Abb.2). Diese latenten Variablen lassen sich im allgemeinen nicht mehr inhaltlich interpretieren, sondern übertragen in ihrer Gesamtheit die gewünschten Informationen. Da gleichzeitig eine Vielzahl von Variablen an der Darstellung eines Merkmals beteiligt sind, spricht man hier von einer *verteilten Repräsentation*.

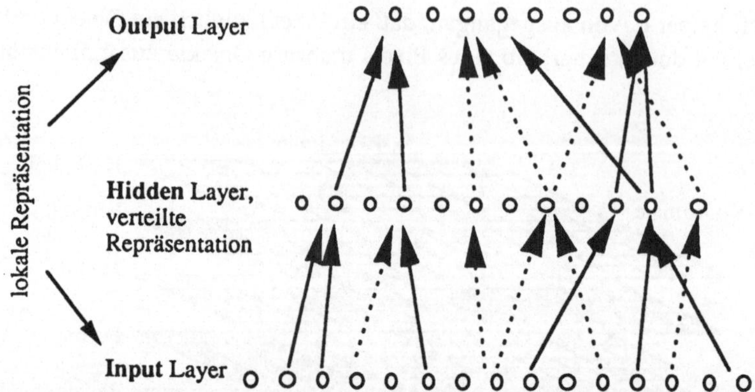

Abb.2   **Assoziation zwischen zwei Layern mit lokaler Repräsentation über ein Layer mit latenten Variablen und verteilter Repräsentation.**

Rezeptive Felder

In einer raumzentrierten Darstellung kann jedes Pixel eines höheren Layers ein komplexes Objekt (z.B. ein Quadrat) enthalten. Um ein solches komplexeres Objekt assoziativ zu den einfacheren Strukturmerkmalen der nächstniedrigeren Ebene (z.B. Kantenstücke) assoziieren zu können, muß zu jedem Pixel ein separates assoziatives Netz existieren. In der Regel haben die abstrakteren Objekte nur eine geringe Ausdehnung und überdecken nicht die gesamte Eingabeebene. Daher wird das assoziative Netz nur ein lokales *rezeptives Feld* als Eingabe benötigen. Abb. 3 zeigt ein solches Klassifizierungslayer, in dem jedes Pixel ein assoziatives Netz mit einem lokalen Eingabefeld von 5x5 Pixeln besitzt. Charakeristisch ist, daß sich die rezeptiven Felder der einzelnen Pixel überlappen. Die assoziativen Netze identifizieren ein abstrakteres Objekt allein an Hand der Merkmale des lokalen rezeptiven Feldes. Damit sind die assoziativen Netze unabhängig von ihrer Position und sind alle identisch. Hierdurch wird automatisch die *Translationsinvarianz* der Erkennung sichergestellt.

Rezeptive Felder werden schon seit langem in der Bilderkennungsliteratur diskutiert. Ein prominentes Beispiel ist das Neocognitron [Fukushima et al. 1983] zur Erkennung handgeschriebener Ziffern. Es besteht aus vier Klassifikationslayern, welche immer komplexere Merkmale (Linienzüge, Bögen und Ecken, Teile von Ziffern, ganze Ziffern) erkennen können. Diese Merkmale werden vorgegeben oder aber durch statistische Verfahren aus dem Datenmaterial extrahiert [Jakubowics 1989]. Darüberhinaus sind zwischen die einzelnen Klassifikationslayer noch "Durchschnittslayer" eingefügt, welche jeweils den Durchschnitt benachbarter Pixel bilden. Hierdurch wird das Netz unempfindlich gegen kleinere Deformationen. Neurophysiologische Untersuchungen haben eine Reihe von Hinweisen auf die Existenz rezeptiver Felder im Sehapparat erbracht [Hubel & Wiesel 1965; Biederman 1985].

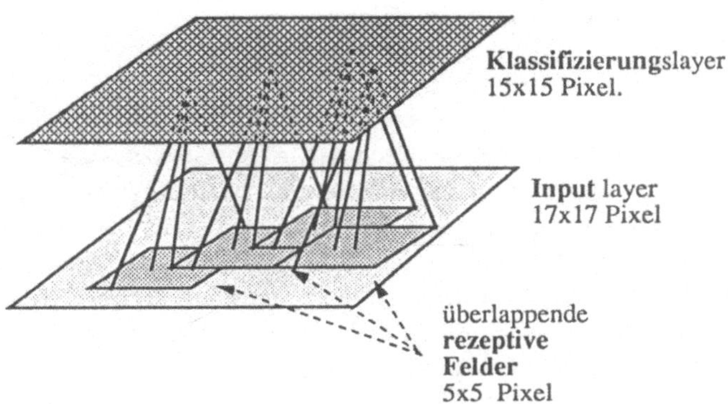

**Abb.3   Klassifizierungslayer mit überlappenden rezeptiven Feldern.
Die lokalen assoziativen Netze sind identisch.**

Rezeptive Felder laufen auf eine parallele Realisierung, d.h. Duplizierung, assoziativer Netze hinaus. Natürlich kann man den Erkennungsvorgang auch sequentialisieren und ein einzelnes assoziative Netz mit lokalem rezeptiven Feld auf dem Eingabelayer verschieben. Dies entspricht der *Fixierung* einzelner Positionen einer Szene durch Augenbewegungen. Durch die Konzentration auf kleine Regionen bzw. das darin enthaltene Objekt kann das Bindungsproblem umgangen werden, denn alle erkannten Merkmale müssen sich auf das jeweilige Objekt beziehen. In zunehmenden Maß werden derartige Fixationsmechanismen bei der Erkennung abstrakterer Objekte verwendet [Baloch & Waxman 1991; Ahmad & Omohundro 1991], während parallele assoziative Netze mit lokalen rezeptiven Feldern zur Erkennung einfacherer Merkmale dienen.

Objektzentrierte Repräsentationen

Wesentlich seltener werden in der Literatur *objektzentrierte* Repräsentationen im Zusammenhang mit assoziativen Verfahren diskutiert. Zipser [1986] beschreibt, wie sich Ratten in ihrer Umgebung orientieren. Sie wählen wenige markante Landmarken aus und merken sich die relative Lage dieser Landmarken. Werden sie in der Umgebung ausgesetzt, so können sie anhand der relativen Größe und Winkel dieser Landmarken ihre Position assoziieren (d.h. ohne trigonometrische Berechnungen) und den Weg zurück in ihren Bau finden. Damit wird die Lage der Landmarken für jeden Position in der Ebene kodiert.

Als eine Variante kann man die räumliche Relation zwischen existierenden Objekten beschreiben. Eine solche Repräsentation wurde von Hernandez [1990] beschrieben. Jedes Objekt hat vier qualitative Distanzregionen: bedecken, überlappen, berühren, getrennt. Des weiteren werden acht Richtungen zum Nachbarobjekt unterschieden, wobei die Orientierung des Objektes selbst den Bezugsrahmen abgibt. Für jede der unterschiedlichen relativen Positionen könnte Art, Anzahl und Orientierung der dort liegenden Objekte gespeichert werden. Die Darstellung ist rotations- und translationsinvariant. Allerdings wurde sie noch nicht für assoziative Verfahren verwendet. Hier müßte eine darüberliegender Relaxationsmechanismus die Anzahl und Position der Objekte derart variieren, daß möglichst viele der weichen Randbedingungen erfüllt sind.

3. Repräsentation von Objekten in Büros

Grobe Pixelraster

Ein Ziel des Verbundprojektes TASSO (Technische Assistenzsysteme zur Verarbeitung ungenauen Wissens) ist Verwendung vagen und unscharfen Wissens bei der assoziative Konfiguration und Vervollständigung geometrischer Szenen. Als fokussierende Anwendung wurde die Konfiguration von Büroräumen gewählt, da die unterschiedlichen Aspekte dieser Anwendung nur durch ein Zusammenspiel unterschiedlicher Schlußmechanismen (logikbasierte Inferenzverfahren, Default-Schließen, Truth Maintainance Systeme, assoziative Verfahren) befriedigend gelöst werden kann.

Ausgangspunkt ist die unscharfe Spezifikation der *Anforderungen* an eine Büroeinrichtung durch eine verbale Beschreibung der Aufgaben der Angestellten, den Grundriß, sowie weitere Randbedingungen (z.B. Kosten).

Für das assoziative Verfahren muß ein Repräsentationsformalismus ausgesucht mit folgenden Eigenschaften ausgewählt werden:

- Es müssen *mehrere Objekte* gleichzeitig dargestellt werden können.
- Das assoziative Verfahren muß auf Grundrisse *unterschiedlicher Größe* anwendbar sein.
- Die Plazierung von Objekten in einem Büro hängt hauptsächlich von der Zusammensetzung der Nachbarschaft (Art und Anordnung anderer Objekte, Wände, etc.) ab. Die Darstellung soll daher *translations- und rotationsinvariant* sein.
- Die assoziativen Zusammenhänge zwischen Mustern sollen aus *Beispielen* extrahiert werden. Darüberhinaus sollen regelartige Beziehungen einbezogen werden können.

Ausgehend von den Überlegungen des vorigen Abschnitts wurde eine raumzentrierte Repräsentation des Büros durch ein *grobes Pixelraster* gewählt. Unter der Annahme, daß allein die relative Lage der benachbarten Objekte die Konfiguration bestimmt, wurden die assoziativen Zusammenhänge durch ein rezeptives Feld erfaßt. Die Rastergröße wurde nach folgenden Kriterien bestimmt:

- Jedes Pixel soll höchstens ein Objekt enthalten.
- Ein rezeptives Feld aus wenigen Pixeln soll die wichtigsten lokalen Interaktionen erfassen.

Es wurde eine Raster mit quadratischen Pixeln ausgewählt, weil Büros gewöhnlich einen rechteckigen Grundriß besitzen und Objekte im Büro ebenfalls meist rechteckig und parallel zu den Wänden angeordnet sind. Die Objekte können vier unterschiedliche Orientierungen annehmen: nördlich, westlich, südlich und östlich. In dem Beispiel gibt es 7 Objekt-Typen, die orientiert sind: Stuhl, Tür-Teil, Wandecke, Fenster-Teil, Schrank-Teil, Schreibtisch-Teil und Wand-Teil, welche durch 7*4=28 Indikatorvariablen kodiert werden. Diese halten – insbesondere während des Assoziationsvorganges – fest, zu welchem Grad das Pixel mit einem Objekt des jeweiligen Typs belegt ist. Der freier Raum ist naturgemäß ohne Orientierung. Damit werden zu jedem Pixel 29 Indikatorvariablen benötigt.

Als Beispiel wollen wir das in Abb. 4 abgebildete Büro betrachten. Es wurde in 9x13 grobe Pixel zerlegt und benötigt daher insgesamt 9*13*29=3393 Indikatorvariable zur Repräsentation (vgl. Abb. 5). Wir nehmen an, daß die 29 Merkmale eines Pixels exklusiv sind, d.h. nur ein Merkmal kann das richtige sein. Dann kann man den Wert $p(x,y,i)$ von Merkmal i in Pixel (x,y) interpretieren als die *Wahrscheinlichkeit*, daß Merkmal i in Pixel (x,y) das korrekte Merkmal ist. Jedes Pixel entspricht damit einer diskreten Zufallsvariablen mit 29 möglichen Werten. Ziel des

Assoziationverfahrens ist, eine *beste Konfiguration* zu bestimmen, bei der in jedem Pixel genau ein Merkmal den Wert $p(x,y,i) = 1$ besitzt und alle anderen Merkmale den Wert 0.

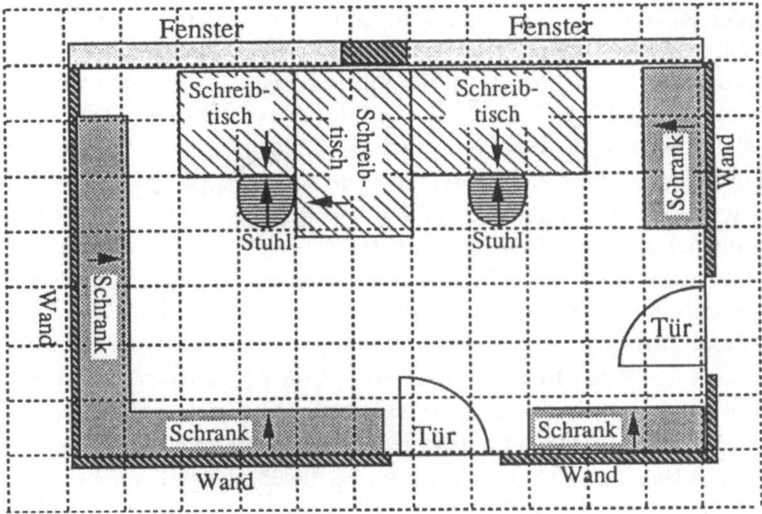

Abb. 4   Büro mit groben Raster

En	Fn	Fn	Fn	Fn	Fn	Wn	Fn	Fn	Fn	Fn	Fn	Ee
Ww			Ss	Ss	Sw	Sw	Ss	Ss	Ss		Rw	We
Ww	Re		Ss	Ss	Sw	Sw	Ss	Ss	Ss		Rw	We
Ww	Re			Cn	Sw	Sw		Cn			Rw	We
Ww	Re											We
Ww	Re											De
Ww	Re											De
Ww	Re	Rn	Rn	Rn	Rn	Rn			Rn	Rn	Rn	We
Ew	Ws	Ws	Ws	Ws	Ws	Ws	Ds	Ds	Ws	Ws	Ws	Es

Abb. 5   Aktive Einheiten von Merkmalskarten, welche das obige Büro repräsentieren.

Kodierung als <Objekt-Typ> <Orientierung>

C:	Stuhl	D:	Tür-Teil	E:	Wandecke	F:	Fenster-Teil
R:	Schrank-Teil	S:	Schreibtisch-T.	W:	Wand-Teil	" ":	freier Raum
n:	nördlich	w:	westlich	s:	südlich	e:	östlich

Assoziative Vervollständigung

Die assoziative Vervollständigung wird nun in folgenden Schritten durchgeführt:

1. Definition eines Eingaberasters gemäß dem Grundriß.

2. Eingabe der *Randbedingungen*. Auf dem Grundriß werden vorgegebene Objekte (z.B. Wände, Türen, Fenster) durch den Wert $p(x,y,i)=1$ gekennzeichnet, wobei die restlichen Variablen den Wert 0 erhalten. Liegt für ein Pixel keine Information vor, so erhalten alle Variablen den Wert *1/k*, wobei *k* die Anzahl der Alternativen ist. Daher ist a priori jedes Objekt gleich wahrscheinlich. Natürlich kann man auch unterschiedliche a priori Wahrscheinlichkeiten verwenden, wenn dies inhaltlich begründet werden kann.

3. Festlegung von *Summenvariablen*. Häufig gibt es Randbedingungen, welche sich nicht auf einzelne Pixel, sondern auf den ganzen Raum beziehen. Beispielsweise kann man die Summe der Arbeitsplätze (= Anzahl Arbeitsstühle) auf 2 festlegen. Entsprechende Summenvariablen lassen sich als Summen der jeweiligen Wahrscheinlichkeiten über das gesamte Raster definieren.

4. Autoassoziativer *Recall* für jedes rezeptive Feld. Für jedes rezeptive Feld über dem Inputraster wird ein autoassoziativer Recall durchgeführt, welche eine ergänzte oder korrigierte Wahrscheinlichkeit für jedes Pixel des rezeptiven Feldes ergibt.

5. *Durchschnittsbildung*. Da sich die rezeptiven Felder überlappen, ergeben sich für ein Pixel mehrere Wahrscheinlichkeitsschätzungen. Diese können kombiniert werden entweder durch einfache Durchschnittsbildung oder aber durch gewichtete Mittelwertbildung, wobei die Varianz der Schätzung als Gewichtsfaktor dient (vgl. Abb. 6). Hierbei werden Randbedingungen durch Summenvariablen berücksichtigt durch ein statistisches Anpassungsverfahren (IPF), welches die Entropie der Verteilungen nur minimal verändert [vgl. Bishop et al. 1975, S. 75ff].

5. Haben sich die Wahrscheinlichkeiten signifikant geändert, so weiter mit Schritt 4.

6. Wähle die größte Wahrscheinlichkeit eines Pixels und fixiere sie zu 1, bzw. die anderen Wahrscheinlichkeiten des Pixels zu 0. Dann weiter mit Schritt 4.

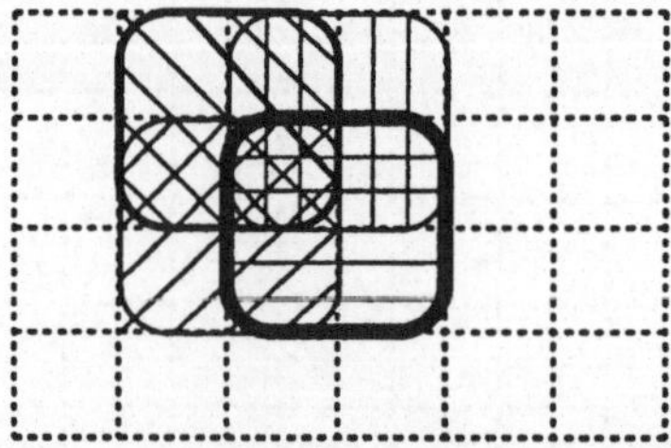

Abb. 6   Durchschnittsbildung bei 2x2 rezeptiven Feldern

Resultat der ersten 5 Schritte ist eine optimale Schätzung der Wahrscheinlichkeit der unterschiedlichen Objekte für die einzelnen Pixel unter den vorgegebenen Randbedingungen. Schritt 6 sorgt dafür, daß in der endgültigen Lösung – der "besten Konfiguration" – jedes Pixel nur ein Objekt enthält. Dieses Objekt entspricht in optimaler Weise den lokalen Interaktionen und Korrelationen in der Menge der Beispiele. Die Durchschnittsbildung kann vermieden werden, indem zu jedem rezeptiven Feld nur die Wahrscheinlichkeiten der Merkmale eines Pixels, des zentralen Pixels, assoziiert werden (Abb. 7). Um genügend lokale Interaktionen zu erfassen, muß das rezeptive Feld dann entsprechend vergrößert werden.

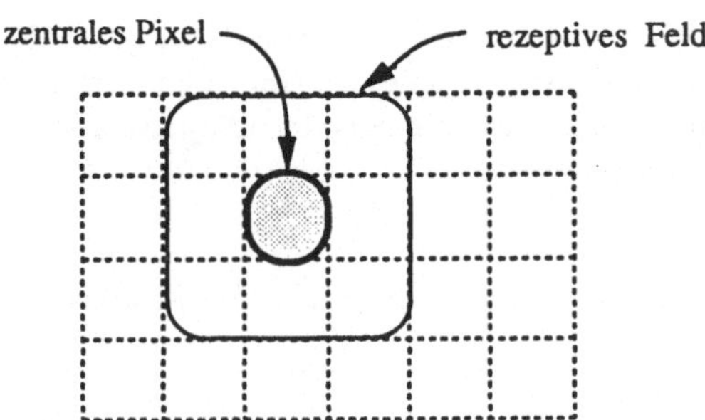

Abb. 7   Berechnung der Wahrscheinlichkeiten des zentralen Pixels eines rezeptiven Feldes

Translations- und Rotationsinvarianz

Verwendet man für alle rezeptiven Felder das gleiche assoziative Netz mit den gleichen Parametern, so wird die Darstellung automatisch *translationsinvariant*. Dieser Effekt wurde ausführlich im vorigen Abschnitt diskutiert. Neben der Translationsinvarianz ergibt sich auch der Vorteil, daß wesentlich weniger Parameter (freie Gewichte) bestimmt werden müssen, deren Anzahl im allgemeinen mit dem Quadrat der Anzahl des Komponenten von x, steigt. Dies erfordert darüber hinaus eine geringere Anzahl von Beispielen für die Bestimmung der Parameter und einen kleineren Rechenaufwand.

Natürlich gibt es auch *nichtlokale Eigenschaften*, welche das Ergebnis der Assoziation bestimmen. Da sind zum einen die oben erwähnten Summenvariablen, welche als globale Randbedingungen fungieren. Ein weiteres Beispiel ist die Beleuchtung eines Pixels, welche von der Entfernung zum Fenster abhängt. Derartige Eigenschaften lassen sich jedoch in Form einer zusätzlichen Variablen des Pixels lokal als "Beleuchtungsstärke" festhalten. Auf diese Art können zu relevanten nichtlokalen Eigenschaften, welche vom rezeptivem Feld nicht erfaßt werden, lokale Eigenschaften definiert werden.

Die *Rotationsinvarianz* der Darstellung läßt sich auf zwei unterschiedliche Arten erreichen. Zum einen können die Beispiele während des Lernvorganges in alle möglichen Orientierungen gedreht werden. Das Lernverfahren wird dann die Parameter derart bestimmen, daß der Recall eines rezeptiven Felder unabhängig von der Orientierung ist. In Paaß [1992, S.56f] wird eine Netzarchitektur diskutiert, welche rotationsinvariant ist und zudem nur ein Viertel der Gewichte besitzt. Hierdurch ergibt sich ebenfalls eine Reduktion des Lernaufwandes.

4.   Assoziative Vervollständigung von Büros durch das Palmsche Verfahren

Assoziative Verfahren

In der Literatur für Mustererkennung und neuronale Netze [Hertz et al. 1991; Werbos 1991] wird eine große Zahl von assoziativen Verfahren diskutiert. Sie unterscheiden sich einerseits in Hinblick auf ihre Abbildungseigenschaften. Einige von ihnen nutzen eine sehr grobe Approximation des zugrundeliegenden probabilistischen Modells, während andere – bei erheblich höhrerem Rechenaufwand – die echten Wahrscheinlichkeitsverteilungen aus den

Beispielen rekonstruieren. Ein Zusammenstellung findet sich in Tabelle 1. Während des TASSO Projektes werden wir die relativen Vorteile der einzelnen Verfahren testen. Ein Verfahren ist dann als optimal zu betrachten, wenn es einerseits adäquate Ergebnisse liefert, darüberhinaus aber so einfach wie möglich ist.

Tabelle 1. Zusammenstellung wichtiger Assoziationsverfahren

Methode	Art der **Abbildung**	Rechenaufwand für ...	
		Training	Recall
Palm nutzt nur Korrelationen.	0-1 Werte, keine echten Wahrscheinlichkeiten.	niedrig	niedrig
Hopfield Netz	0-1 Werte, keine echten Wahrscheinlichkeiten	niedrig	niedrig
Verallgemeinerte **Inverse**	approx. Wahrscheinlichkeiten nutzt nur Korrelationen.	mittel	niedrig
Rekurrentes **Backpropagation**	approx. Wahrscheinlichkeiten	hoch	niedrig
Boltzmann Maschine	bedingte Wahrscheinlichkeiten	sehr hoch	mittel

Das Palmsche Assoziationsverfahren

Eine erste Version der assoziativen Vervollständigung wurde mit einem autoassoziativen Verfahren von Palm [1980] implementiert. Es bestimmt eine Funktion $x = f(x)$ welche den Eingabevektor x auf sich selbst abbildet. Die Komponenten von x werden dabei als unsichere Beobachtungen behandelt und derart korrigiert und ergänzt, daß sie der Korrelationsmatrix S der Beobachtungen möglichst gut entsprechen. Optimal wäre hierzu die Bestimmung der verallgemeinerten Inversen von S, welche aber sehr aufwendig ist. Palm verwendet in seinem Verfahren eine Approximation, welche auch bei umfangreichen Korrelationsmatrizen mit geringem Rechenaufwand realisiert werden kann. Ein Nachteil des Palmschen Verfahrens ist, daß Zwischenwerte zwischen 0 und 1 nur sehr approximativ als Wahrscheinlichkeiten interpretieren werden können. Es wurden rezeptive Felder der Größe 3x3 und 4x4 Pixel verwendet. Damit hat x 3*3*29=261 bzw. 4*4*29=474 Komponenten und die Korrelationsmatrix hat 68121 bzw. 224676 Einträge. Derart große Matrizen lassen sich nur durch Sparse-Coding Methoden effizient bearbeiten. Das Verfahren wurde mit Allegro Common Lisp auf einer Sun Sparcstation implementiert.

In der *Lernphase* wird das Netz an Hand von Beispielen trainiert. Hier können einerseits vollständige Büros eingegeben werden, zum anderen aber auch Teile von Büros (Arbeitsplätze, Sitzgruppen). Die Eingabe-Büros können unterschiedlich groß sein und unterschiedliche Gestalt haben. Während des Lernvorganges wird das rezeptive Feld über das Eingaberaster "geschoben" und der Input für jede Position in der Korrelationsmatrix gespeichert. Darüberhinaus wird das rezeptive Feld in jeder Position rotiert, wodurch die Darstellung rotationsinvariant wird. Ein Büro mit 6x6 Pixeln wird auf diese Art in 4*4*4=64 Eingabevektoren x überführt.

Es wurde eine Beispielsammlung aus 10 Büros verwendet. Der Lernvorgang war in weniger als 3 Minuten beendet. Die Prozedur verwendet ein Punkteschema, um das plausibelste Objekt für ein Pixel zu bestimmen. Wenn zwei Alternativen die gleiche Punktzahl erhalten, so wird eine Zufallsauswahl getroffen. Daher sind die Resultate nicht deterministisch. Ein einzelner Recall benötigt weniger als eine halbe Minute Rechenzeit.

Erste Ergebnisse

Wie die Trainingskonfigurationen, so können auch bei Recall Grundrisse beliebigen Ausmaßes bearbeitet werden. In der folgenden Bürospezifikation sind die Objekte der einzelnen Pixel und ihre Orientierung wieder durch Kombinationen von Buchstaben bezeichnet. Das Zeichen "?" bedeutet "unbekannt", das Objekt des entsprechende Pixels soll also assoziativ bestimmt werden.

En	Wn	Fn	Fn	Fn	Wn	Fn	Fn	Ee
Ww	?	?	?	?	?	?	?	We
Ww	?	?	?	?	?	?	?	We
Ww	?	?	?	?	?	?	?	De
Ww	?	?	?	?	?	?	?	De
Ww	?	?	?	?	?	?	?	We
Ww	?	?	?	?	?	?	?	We
Ew	Ws	Ws	Ds	Ws	Fs	Fs	Ws	Es

En	Wn	Fn	Fn	Fn	Wn	Fn	Fn	Ee
Ww	Ss	Ss	Ss	Ss	Ss	Ss	Ss	We
Ww	Re			Cn		Cn		We
Ww	Re							De
Ww	Re							We
Ww							Rw	We
Ww	Rn	Rn	Rn	Rn	Sn	Sn	Sn	We
Ew	Ws	Ws	Ws	Ws	Fs	Fs	Ws	Es

Abb. 8   Eingabe-Büro (links) und vervollständigtes Büro (rechts)

Das Innere des vervollständigten Büros ist eine Freifläche, alle Objekte stehen an der Wand. Wie bei den Eingabebüros werden die Schreibtische mit der richtigen Orientierung an die Fenster plaziert. An die oberen Schreibtische wurden die erforderlichen Schreibtischstühle hinzugestellt, allerdings nicht am unteren Schreibtisch. Der letztere Effekt kann damit erklärt werden, daß das Verfahren lediglich Korrelationen zwischen jeweils zwei Variablen verarbeitet. Da meist vor jeweils drei Schreibtischteilen nur ein Stuhl steht, ist "Freifläche" in diesem Fall die plausibelste Vervollständigung. Das Verfahren hat also den Nachteil, daß es nicht "zählen" kann, d.h. höhere Interaktionen zwischen mehreren Variablen werden nicht berücksichtigt. Die Annahme der linearen Separierbarkeit wird in der Mustererkennungs- literatur seit längerem diskutiert [vgl. Hertz et al. 1991, S. 94ff]. Eine Verbesserung läßt sich nur bei der Verwendung nichtlinearer Verfahren (z.B. backpropagation) erwarten, welche aber wesentlich aufwendiger sind.

Weiter fällt auf, daß die vorgegebenen Randbedingungen vom Verfahren an einigen Stellen korrigiert wurden. An der südlichen Seite und an der östliche Seite wurden je eine Tür in ein Wandstück verwandelt. Dies zeigt die potentiellen Möglichkeiten des Algorithmus zur Korrektur unplausibler Eingaben. Natürlich ließe sich dies vermeiden, indem man den vorgegebenen Input erzwingt.

Benutzungsoberfläche

Auf der Basis von GINA wurde von Karl Wittur eine graphische Benutzungsoberfläche implementiert. Das in Abb. 9 gezeigte Fenster enthält in der Mitte eine Darstellung der Vervollständigungsanfrage und auf der rechten Seite die Darstellung des vervollständigten Büros. Der Inhalt einzelner Pixel wird durch Piktogramme (Abb. 10) dargestellt, welche mit einem Bitmap-Editor erstellt werden können. Die Darstellung paßt sich automatisch an Büros mit unterschiedlichem Grundriß an. Eine Reihe von Buttons auf der linken Seite steuert den Programmablauf: Eingabe des Input-Büros in die Datenbank der zu lernenden Büros, Auswahl und Löschen von Datenbankeinträgen, "Lernen" der Beispiele in der Datenbank, vollständiger oder schrittweiser Recall des Input-Büros.

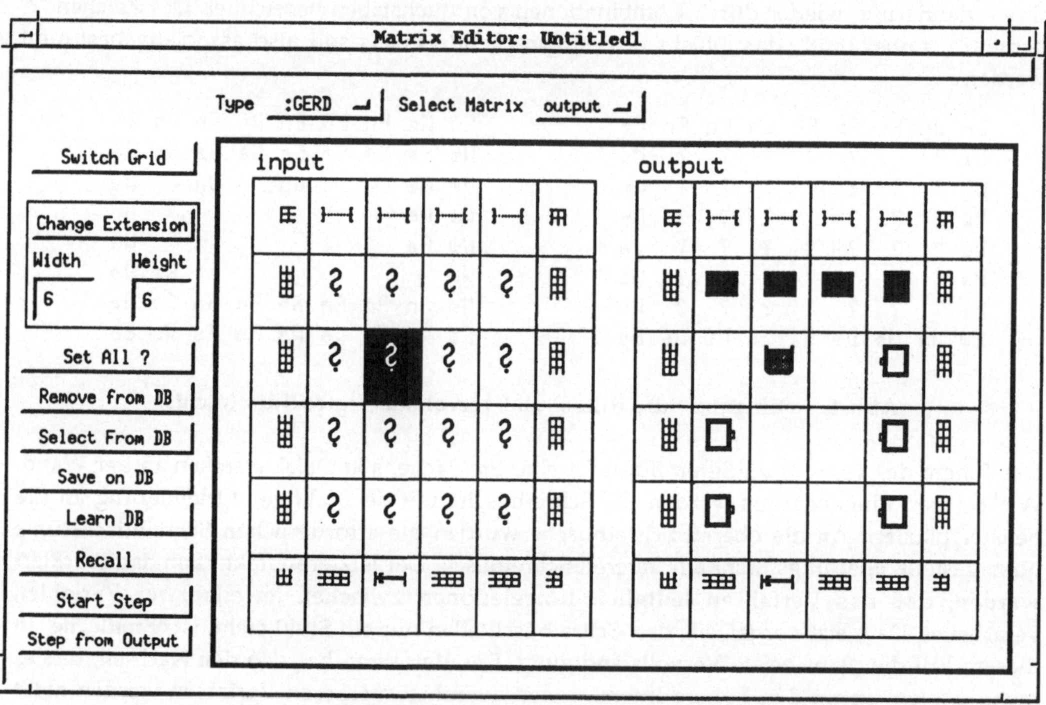

Abb. 9   Benutzungsoberfläche für die Konfiguration von Büros mit unvollständiger Anfrage (links) und Recall (rechts).

Schrank-Teil		Fenster	
Schreibtisch-Teil		Wand-Teil	
Stuhl		Tür	
Unbekannt		Wandecke	

Abb. 10   Piktogramme der Benutzungsoberfläche

5. Zusammenfassung und Diskussion

Der Aufsatz diskutiert eine Anzahl unterschiedlicher Repräsentationsformen für die geometrische Anordnung mehrerer Objekte. Diese Repräsentationen werden von assoziativen Verfahren aus dem Bereich der Mustererkennung und der neuronalen Netze verwendet, um teilweise vorgegebene Konfigurationen zu vervollständigen. Hierbei werden keine expliziten Regeln oder sonstige deterministische Informationen verwendet, sondern die Konfiguration wird in der Weise vervollständigt, daß sie "möglichst ähnlich" zu einer Sammlung von Beispielen ist. Die meisten Ansätze kodieren die Lage von Objekten implizit durch deren Anordnung in einem Pixel-Raster. Lokale Zusammenhänge können aus einer Konfiguration durch lokale rezeptive Felder extrahiert werden.

Zur Vervollständigung von Büros wurde eine einfache Repräsentation ausgewählt, welche auf überlappenden rezeptiven Feldern basiert. Translationsinvarianz wurde erreicht durch die Verwendung gleicher Gewichte für sämtliche rezeptiven Felder. Rotiert man die Eingabe des rezeptiven Feldes in alle möglichen Richtungen, so ergibt sich zusätzlich eine Rotationsinvarianz des Assoziationsverfahrens. Es können Grundrisse variabler Ausdehnung mit dem gleichen assoziativen Netz bearbeitet werden.

Erste Beispielrechnungen wurden mit einem sehr einfachen linearen Assoziationsverfahren von Palm durchgeführt. Insgesamt findet der Ansatz sinnvolle Vervollständigungen. Allerdings ergeben sich Probleme, welche sich einerseits auf die dem Assoziationsverfahren inhärente Annahme der linearen Separierbarkeit zurückführen lassen. Zum anderen kann die Prozedur Wahrscheinlichkeiten nicht fortschreiben, sondern muß sich in jedem Stadium der Berechnungen für eine Alternative entscheiden. Diese oft nicht begründbare Festlegung ist im Laufe der weiteren Berechnungen nur schwierig zu korrigieren. Der Einsatz mächtigerer, aber auch wesentlich aufwendigerer assoziativer Verfahren kann diese Nachteile vermeiden.

Danksagung

Bei dieser Arbeit haben mich viele Kollegen mit Rat und Tat unterstützt. Franco di Primio hat das Palmsche Verfahren implementiert. Karl Wittur hat den graphischen Matrixeditor an die speziellen Anforderungen angepaßt. Insbesondere aber möchte ich Margret, Domi und Lulu danken, daß sie mir die lange Zeit am Computer nicht übelgenommen haben.

Literatur

Ahmad, S., Omohundro, S. (1991): Efficient Visual Search: A Connectionist Solution. Proc. *13th Annual Conference of the Cognitive Science Society*, Chicago 1991.

Ballard, D. H. , Brown, C.M. (1982): *Computer Vision*. Prentice Hall, Englewood Cliffs.

Baloch A.A. & Waxman, A.M. (1991): Visual Learning, Adaptive Expectations, and behavioral Conditioning of the Mobile Robot MAVIN. *Neural Networks*, 4, pp.271-302.

Biederman, I. (1985): Human Image Understanding: Recent Research and a Theory. *Computer Graphics and Image Processing* 32 (1985) 29-73.

Bishop, Y.M.M., Fienberg, S.E. und Holland, P.W., (1975): *Discrete Multivariate Analysis: Theory and Practice*. MIT-Press, Cambridge (Mass.)

Cao, X., He, Z., Pan, Y. (1990): Automated Design of House-floor Layout with Distributed Planning. *Computer-Aided Design*, **22**, p.213-222.

Fischer, G. & Nakakoji, K. (1991): Beyond the Macho Approach of Artificial Intelligence: Empower Human Designers – Do Not Replace them. *Knowledge-Based Systems*, Special Issue: AI in Design, Butterworth-Heinemann, Oxford, UK, 1991.

Fukushima, K., Miyake, S., Ito, T. (1983): Neocognitron: a Neural Network Model for a Mechanism of Visual Pattern Recognition. *IEEE Trans. on System, Man and Cybernetics* SMC-13: p.826-834.

Hernandez, D. (1990): Using Comparative Relations to Represent Spatial Knowledge. In: *Räumliche Alltags-Umgebungen des Menschen (RAUM)*, Universität Koblenz, 1990, pp.69-80.

Hertz, J., Krogh, A., Palmer, R.G. (1991): *Introduction to the Theory of Neural Computation.* Addison Wesley, Redwood City, Cal.

Hubel, D.H., Wiesel, T.N. (1965): Receptive Fields and Functional Architecture in Two Nonstriate Visual Areas (18 and 19) of the Cat. *J. Neurophysiol.*, **28**, pp.229-289.

Jakubowicz, O.G. (1989): Multi-level Locally Integrative Neural Network for Situational Analysis. *Int. J. of Neural Networks*, **1**, p.197-210.

Junker, U. (1991): *The EXCEPT II Default Reasoning System.* Tasso-Report No. 23, Juni 1991, GMD, St. Augustin, S.85-94.

Kim, Y., Jang, Y., Kim, M. (1991): Stepwise-overlapped Parallel Annealing and its Application to Floorplan Designs. *Computer-Aided Design*, **23**, p.133-144.

Kuh, E.S., Ohtsuki, T. (1990): Recent Advances in VLSI Layout. *Proc. of the IEEE*, **78**, p.2137-263.

Okajima, K. (1991): A Recurrent System Incorporating Characteristics of the Visual System: a Model for the Function of Backward Neural Connections in the Visual System. *Biological Cybernetics*, **65**, pp.235-241.

Paaß, G. (1992): *Representations of Multiple Objects for Associative Geometric Reasoning.* Tasso-Report No. 35, Jannuar 1992, Gesellschaft für Mathematik und Datenverarbeitung, D-5205 St. Augustin.

Palm, G. (1980): On Associative Memory. *Biol. Cybernetics*, **36**, p.19-31.

Rumelhart, D.E., McClelland, J.L., and the PDP Research Group (1986): *Parallel Distributed processing: Explorations in the Microstructure of Cognition.* 2 Volumes, Cambridge, MIT Press.

Thornton, C. J. (1991): Introduction to Connectionist Computing. *Computer-Aided Design*, **23**, p. 530-538.

Werbos, P.J. (1991): Links between Artificial Neural Networks and Statistical Pattern Recognition. In: I.K. Sethi & A.K. Jain (eds.): *Artificial Neural Networks and Statistical Pattern Recognition.* North Holland, Amsterdam, pp.11-32.

Zipser (1986): Biologically Plausible Models of Place Recognition and Goal Location. In Rumelhart et al. 1986, Vol. II, p.432-470.

CLAY - Ein System zur constraint-basierten Plazierung multimodaler Objekte in Dokumenten[*]

Wolfgang Maaß

Deutsches Forschungszentrum für Künstliche Intelligenz (DFKI)

Stuhlsatzenhausweg 3

W-6600 Saarbrücken 11

Phone: (+49 681) 302-6261

Fax: (+49 681) 302-5341

E-mail: maass@dfki.uni-sb.de

Zusammenfassung

Bei innovativen intelligenten Benutzerschnittstellen, wie im Beispiel des multimodalen Präsentationssystems WIP, spielt insbesondere die automatische Plazierung von Graphiken und Texten eine wichtige Rolle. Das komplexe Plazierungsproblem läßt sich dabei als Constraint-Satisfaction-Problem auffassen. Zu dessen Lösung haben wir das System CLAY, welches ein integraler Bestandteil des Layout-Managers von WIP ist, entwickelt. Das Constraint-Solver-Modell CLAY, basierend auf der Kopplung zweier dedizierter Constraint-Solver, erlaubt die effiziente Verarbeitung komplexer graphischer Beziehungen, wie sie besonders im funktionalen Layout vorherrschen. CLAY stellt einen effizienten und flexiblen Mechanismus zur deklarativen Spezifikation und Lösung graphischer Gestaltungsprobleme dar. In dieser Arbeit werden dem Constraint-Solver-Modell zugrundeliegende abstrakte Algorithmen vorgestellt und an Hand von Beispielen illustriert.

---

[*]Die vorliegende Arbeit entstand im Rahmen des vom BMFT unter dem Förderkennzeichen ITW 8901 8 geförderten Projekts WIP

1 Einleitung

Zur Präsentation von Informationen wird im allgemeinen eine integrierte Zusammensetzung von Texten und Graphiken verwendet. Das Zusammenspiel beider Ausgabemodi soll es dem Leser erlauben, innerhalb kürzester Zeit die dargebotenen Informationen zu verstehen. Dies ist besonders wichtig, da eine unkoordinierte Flut an Informationen den Leser vor die teilweise sehr schwierige Aufgabe stellt, die für ihn wichtigen Punkte eines solchen multimodalen Dokumentes zu erkennen. Auf der anderen Seite steht der Layouter unter dem ständigen Druck der Erhöhung der Produktivität durch immer innovativere und effizientere Verfahren. Erschwerend kommt hinzu, daß das Problem der Plazierung im Sinne der Anordnung einer beliebigen Anzahl von zweidimensionalen Objekten auf einer vorgegebenen Fläche zur Erstellung eines funktionalen Layouts NP-vollständig ist (vgl. [2]). Dadurch motiviert könnte der Einsatz von neuen wissensbasierten Techniken eine Entlastung und sogar effiziente Berechnungmechanismen bieten.

Strukturelle Zusammenhänge, die ein funktionales Layout zu erfüllen hat, lassen sich durch Kohärenzbeziehungen, die zwischen Text und Graphikfragmenten eines Dokumentes bestehen, formalisieren. Im weiteren Verlauf der Arbeit fassen wir Text- und Graphikfragmente unter dem Begriff *Layoutobjekte* zusammen. Motiviert durch den engen Bezug von Beziehungen zu allgemeinen mathematischen Relationen, betrachten wird das Plazierungsproblem als Constraint-Satisfaction-Problem (CSP). Wird ein Problem mittels Constraint-Techniken gelöst, so spricht man allgemein von einem Constraint-Satisfaction-Problem *(CSP)*, welches sich in die Phase des Constraint-Lösens (*constraint satisfaction*) und der Propagierung (*constraint propagation*) unterteilt. Dabei wird von den meisten Constraint-Systemen eine inkrementelle Propagierung gewährleistet, was Vorraussetzung für eine effiziente Verarbeitung ist (vgl. [24]).

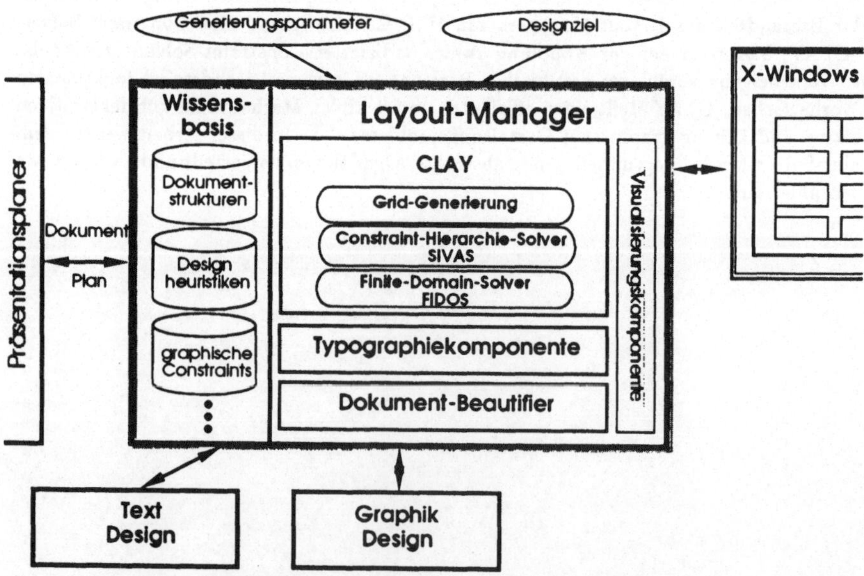

Abbildung 1: Der Layout-Manager in WIP

In dieser Arbeit wird das System CLAY vorgestellt, welches ein integraler Bestandteil des Layout-Managers im multimodalen Präsentationssystem WIP ist (für weitere Ausführungen zum Layout-Manager sei auf [11, 10, 12] verwiesen). CLAY basiert auf der Kopplung eines Finite-Domain-Solvers und eines Constraint-Hierarchie-Solvers, wodurch eine effiziente Verarbeitung von graphischen Beziehungen erreicht wird. Die dem System zugeordnete deklarative Constraint-Spezifikationssprache erlaubt auf einem hohen Abstraktionsniveau die Beschreibung komplexer graphischer Zusammenhänge, deren Verwendung in dieser Arbeit besonders in Bezug auf das funktionale Layout demonstriert werden soll. Dabei werden Constraints sowohl zur Repräsentation als auch zur effizienten Verarbeitung von Kohärenzbeziehungen verwendet.

2 Stand der Forschung

In allgemeiner Form bilden Constraints eine Möglichkeit Relationen auf einer endlichen Menge von Objekten zu erfüllen und zu erhalten (vgl. [16]). Dabei lassen sie sich als Berechnungsmodell, als effiziente Kontrollstrategie oder als Wissensrepräsentationsformalismus betrachten. Es hat sich gezeigt, daß Constraint-Formalismen bei bestimmten Problemen, die bei Verwendung von herkömmlichen Formalismen einer kombinatorischen Explosion unterliegen, ein effizientes Berechnungsmodell liefern. In diesen Fällen schränken Constraints den Suchraum des Problems auf die Bereiche ein, die für eine Lösung in Frage kommen (vgl. n-Damen-Problem in [24]).

Die Verwendung von wissensbasierten Verfahren erlaubt eine starke Reduktion der Komplexität, so haben sich besonders constraint-basierte Ansätze zur Bestimmung eines Layouts als geeignet herausgestellt, wie zuerst im System *Sketchpad* (vgl. [23]). Auf dieser Arbeit von Sutherland aufbauend, führte Borning et al. innerhalb des Projektes *Thinglab* die Entwicklung fort (vgl. [3, 17, 6]). Weitere constraint-basierte Ansätze wurden in den Systemen *IDEAL* von van Wyk (vgl. [25]), *Magritte* von Gosling (vgl. [9]) und *Juno* von Nelson (vgl. [20]) verwendet.

Die Verwendung von Constraints zur Repräsentation von Wissen aus dem Bereich des Graphik-Designs wurde erstmalig im Layout-Managers von WIP vorgestellt (für weitere Ausführungen zu WIP sei auf [1, 26, 27] verwiesen). Die Hauptaufgabe dieser Komponente besteht in der Auswertung und Erhaltung einer Reihe von semantisch-pragmatischen Beziehungen, welche durch einen Präsentationsplaner vorgegeben werden (s. Abb. 1). Diese Relationen beziehen sich auf das Arrangement von Graphik- und Textfragmenten, die von den verschiedenen Generatoren erzeugt werden. Mittels diesen Beziehungen werden die Größe der Fragmente und die exakten Koordinaten für deren Plazierung auf dem Dokument bestimmt.

Durch die Ausweitung der Constraint-Theorie auf ein Programmiersprachenparadigma durch Entwicklung des sog. *Constraint-Logik-Programmier-Schemas (CLP)* sind Programmiersprachen wie u.a. CLP($\mathcal{R}$) (vgl. [13]) und *PROLOG III* (vgl. [5]) entwickelt worden. Ein dabei wichtiges Ziel ist die Effizienz der Constraint-Sprachen durch automatische Mechanismen wie der *Delay*-Technik (CLP($\mathcal{R}$), CHIP) und *Check Rules* (CHIP) oder von *Guarded Rules* und *Residuierung* (vgl. [21]) zu steigern.

3 Repräsentation von graphischemWissen

Leithilfen wie der Gestaltungsraster (vgl. [19, 15]) erlauben es Teile der allgemeinen Vorgehensweise bei der Erstellung eines funktionalen Layouts zu systematisieren. Die Bestimmung eines Rasters erfordert eine genaue Analyse der darzustellenden Objekte und des Ausgabemediums. Das für das Layout relevante Wissen läßt sich durch die Art der Beziehungen zwischen den Layoutobjekten klassifizieren (vgl. [14, 12]). Wir unterscheiden zwischen *lokalen Beziehungen*, welche Layoutobjekte zu *Layouteinheiten* zusammenfassen und *globalen Beziehungen*, die heuristische Vorgehensweisen zur Plazierung von Layouteinheiten repräsentieren.

Lokale Beziehungen beschreiben semantisch-pragmatische Relationen, die sich zum Teil auf Relationen stützen, die durch Mann/Thompson in ihrer *Rethorical Structure Theory* (vgl. [18]) vorgestellt worden sind. Sie beschreiben enge Kopplungen zwischen Objekten, die für die Aussage der Relation die zwischen den Objekten besteht, entscheidend sind. Auf das Layout bezogen bedeutet dies, daß Layoutobjekte, die durch eine Relation verbunden sind, nicht in beliebiger Weise angeordnet oder getrennt werden können, ohne den Verlust der Aussage zu vermeiden. Neben den RST-Relationen werden eine Reihe weiterer, teils elementarer Relationen betrachtet.

Im allgemeinen Fall sind Layout-Einheiten a priori nicht mit einer festen Position auf dem Dokument assoziiert. In solchen Fällen werden durch globale Beziehungen Layouteinheiten miteinander verbunden, die in keiner oder nur schwacher Beziehung zueinander stehen. Globale Beziehungen sind heuristischer Natur, die in Abhängigkeit vom Dokumenttyp und den Objekten variieren können. Beispielsweise kann eine Heuristik verwendet werden, die Layouteinheiten zuerst *rechts nebeneinander*, sonst *untereinander* anordnet. Um eine konsistente Verarbeitung der Layouteinheiten mittels globalen Constraints zu erreichen, wird die Layouteinheit, welche als erste auf der Dokumentfläche plaziert wird, an sog. *virtuelle Layouteinheiten* angebunden, welche um die Dokumentfläche angeordnet sind.

In manchen Fällen können lokale Beziehungen nicht sofort durch die erste via Constraints ausgewählte geometrische Anordnung der Layoutobjekte plaziert werden. In solchen Fällen wird eine alternative Darstellungsform durch Anwendung einer anderen Methode des Constraints erreicht. Dieser Vorgang wird im folgenden mit *Reformatierung* bezeichnet. Beispielsweise kann eine Sequenz horizontal oder alternativ vertikal ausgerichtet werden[1].

4 Das Constraint-Solver Modell CLAY

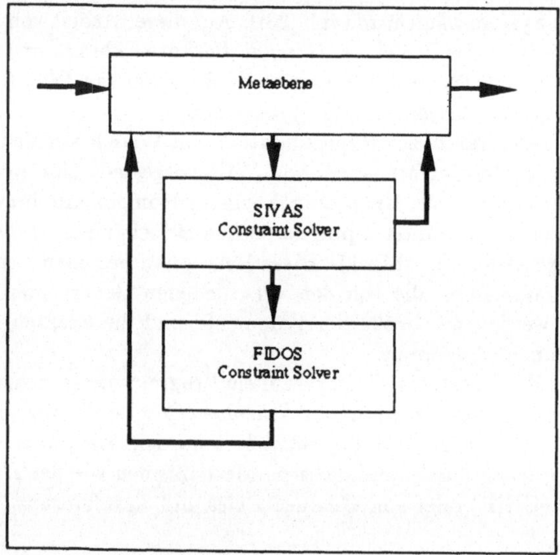

Abbildung 2: Kontrollfluß zwischen den Systemkomponenten von CLAY

Lokale und globale Beziehungen lassen sich durch eine deklarative Constraint-Spezifikationssprache über dem Bereich der natürlichen Zahlen bestimmen. Die Strukturierung des Layout-Wissens durch lokale und globale Beziehungen erfordert aus Effizienzgründen zwei verschiedene Ansätze zur Verarbeitung. Das der Verarbeitung zugrundeliegende Constraint-Solver-Modell CLAY ist durch die Kopplung zweier dedizierter Constraint-Solver charakterisiert (s. Abb. 2). Durch das Zusammenspiel beider Solver wird die Auswertung und Erhaltung aller lokalen und globalen Constraints erreicht und eine konsistente Lösung bestimmt.

Als Eingabe wird CLAY eine Liste der Layoutobjekte mit zugehörigen semantisch-pragmatischen Relationen übergeben. Diese wird durch die *Metaebene* an den Constraint-Solver *SIVAS* weitergeleitet, der die lokalen Constraints über den Layoutobjekten auswertet und diese zu *Layouteinheiten* zusammenbindet. Das Ergebnis wird anschließend durch den Constraint-Solver *FIDOS* via globalen

---

[1] Eine Sequenz besteht aus einer Reihe von Graphiken und diesen zugeordneten Texten. Eine Sequenz heißt horizontal ausgerichtet, wenn die Graphiken horizontal und die assoziierten Texte darunter bzw. vertikal ausgerichtet, wenn die Graphiken vertikal und die Texte rechts daneben angeordnet sind.

Beziehungen auf der Dokumentfläche plaziert. Kommt es dabei zu einer Inkonsistenz, so bewirkt dies eine Rückmeldung an die Metaebene, die eine Reformatierung der lokalen Beziehungen nach sich zieht. Ist die Plazierung erfolgreich, d.h. daß die Constraint-Netze konsistent sind, werden die resultierenden Koordinaten der Layouteinheiten an die Metaebene zurückgegeben, die diese an SI-VAS weiterleitet. Dort werden den Layoutobjekten absolute Koordinaten zugeordnet, die dann die Ausgabe von CLAY bilden.

4.1 Formale Arbeitsweise von SIVAS

SIVAS (Single-**V**alue **S**olver) ist ein inkrementeller Constraint-Hierachie-Solver, wobei ähnliche Konzepte wie im DeltaBlue-Algorithmus von Freeman-Benson verwendet werden (vgl. [6, 7, 14]). Die Hierachisierung der Constraints wird durch Verwendung von Wichtungen erreicht. Über eine Eingabeliste erhält SIVAS alle lokalen Beziehungen mit den dazugehörigen Layoutobjekten. Die Namen dieser Beziehungen bestimmen eindeutig ein *lokales Constraint*, welches mit den Werten der Layoutobjekte instanziiert wird.

Die Lösung eines Constraints wird durch Auswertung einer assoziierten *Methode*[2] erreicht, die die Belegung einer der Constraint-Variablen in Abhängigkeit von den Eingabevariablen bestimmt. Zusätzlich wird einer Variablen eine Wichtungen zugeordnet, die durch das Minimum der Wichtungen des Constraints und den Wichtungen der Eingabevariablen des Constraints bestimmt ist. Soll eine Variable durch ein Constraint neu belegt werden, so ist dies zulässig, wenn die Variable entweder noch nicht gebunden ist oder die Wichtung des Constraints stärker ist als die aktuelle Wichtung der Variablen. Eine Variable kann weiterhin neu belegt werden, wenn im aktuellen Constraint-Netz ein Constraint, für das die Variable bisher als Eingabevariable diente, durch neue Zuteilung der Wichtungen zur Ausgabevariable wird (vgl. [14]).

Der automatischen Layoutgenerierung liegt eine dynamische Erstellung eines Gestaltungsrasters während der Laufzeit zugrunde, wodurch eine Diskretisierung des Suchraums erreicht wird (vgl. [14, 15, 12]). Somit ist eine Abbildung der Dokumentfläche auf ein zweidimensionales Feld über dem Bereich der positiven natürlichen Zahlen als Repräsentation der Dokumentfläche ausreichend. Als *Basis-Constraints* in SIVAS werden die arithmetischen Funktionen des zugrundeliegenden LISP-Systems verwendet, die entsprechend ausgewertet werden. Aufbauend auf diesen Basis-Constraints, repräsentieren *Grund-Constraints* die einfachsten geometrischen Beziehungen zwischen zu plazierenden Objekten. Entsprechend der Multidirektionalität von Constraints bestimmen Grund-Constraints die Werte der einzelnen Parameter durch verschiedene Methoden. Dadurch, daß Basis-Constraints funktionalen Charakter haben, werden die Variablen, die durch Grund-Constraints gebunden werden, auch durch einen festen, diskreten Wert belegt.

Ein Beispiel für ein Grund-Constraint ist *CONNECT* (s. Abb. 3), welches wie folgt definiert ist[3]:

$$\text{CONNECT} (X\ Y\ Z) \leftrightarrow (\text{-}\ Y\ Z) \vee (\text{+}\ X\ Z) \vee (\text{-}\ Y\ X),$$

wobei das erste Disjunkt der rechten Seite X, das zweite Y und das dritte Z berechnet.

Das Ziel der *aggregierten Constraints* ist die Repräsentation von semantisch-pragmatischen Beziehungen. Aggregierte Constraints sind induktiv über dem Bereich der Grund-Constraints definiert. Die deklarative Definition von aggregierten Constraints erlaubt somit die Repräsentation von komplexen geometrischen Anordnungen. Aggregierte Constraints bestimmen Zusammenhänge zwischen verschiedenen Parametern durch Anwendung einer Reihe von Grund- oder auch aggregierten Constraints. Die Reihenfolge der Methoden bestimmt, ähnlich wie in PROLOG, eine Präferenz, da der Solving-Prozeß die erste Methode auswählt, die erfolgreich ausgewertet werden kann. Jede Methode eines aggregierten Constraints ist für den Layout-Prozeß eine alternative Repräsentation einer lokalen Beziehung. Im Gegensatz zu PROLOG können bei SIVAS keine Endlosschleifen entstehen, da der

---

[2]Analog zu Bornings objektorientierter Sicht werden die rechten Seiten eines Constraints mit dem Begriff *Methode* bezeichnet (vgl. [4]).

[3]In diesem Beispiel sind X, Y, und Z Parameter, die untereinander in Beziehung gesetzt werden.

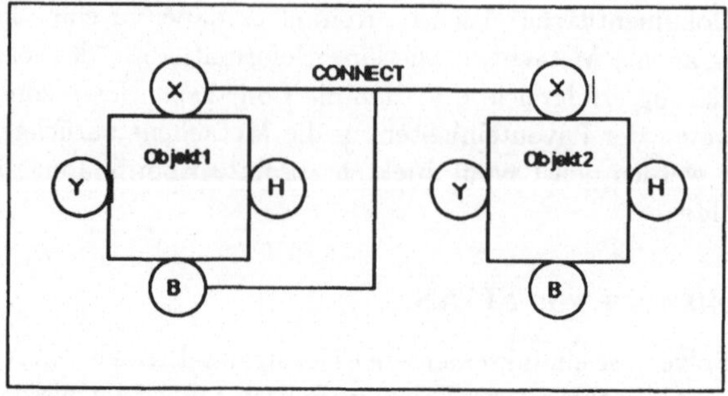

Abbildung 3: Grund-Constraint *CONNECT* zur Verbindung zweier Layoutobjekte

Solver zykelfrei arbeitet und nur eine endliche Anzahl von Eingabevariablen verwendet. Somit ist die Terminierung des Constraint-Lösungsprozesses gewährleistet.

Aggregierte Constraints in SIVAS lassen sich in statische und dynamische aufteilen, wobei *statische aggregierte Constraints* herkömmlicher Art sind, indem Beziehungen einzelnen Constraint-Variablen explizit angegeben werden. *Dynamische aggregierte Constraints* hingegen sind eine implizite Darstellungsform von Beziehungen zwischen Constraint-Variablen. Ein statisches aggregiertes Constraints dient der Repräsentation von statischen geometrischen Beziehungen, die sich zwischen Layoutobjekten ergeben, wobei die Constraints in der Anzahl ihrer Parameter fest bestimmt sind. Diese Constraints geben feste Beziehungen wieder, wie sie ähnlich von Sussmann/Steele (vgl. [22]) verwendet werden.

Ein Beispiel für ein statisches aggregiertes Constraint ist *CONTRAST*[4], welches eine horizontale und alternativ eine vertikale Alignierung von zwei Layoutobjekten repräsentiert.

$$\begin{aligned}
\text{CONTRAST}(&\ B_1, B_2\ ) \leftrightarrow \\
&((\text{CONNECT X}(B_1)\ \text{B}(B_1)\ \text{X}(B_2)) \wedge (\text{EQUAL Y}(B_1)\ \text{Y}(B_2))) \vee \\
&((\text{CONNECT Y}(B_1)\ \text{H}(B_1)\ \text{Y}(B_2)) \wedge (\text{EQUAL X}(B_1)\ \text{X}(B_2)))
\end{aligned}$$

Dynamische aggregierte Constraints repräsentieren Beziehungen, die eine beliebige Anzahl von gleichartigen Gruppierungen von Layoutobjekten zu einer Einheit zusammenfassen. Die entsprechenden Constraints müssen auf Grund der variablen Struktur der globalen Beziehungen, zur Laufzeit generiert werden. Beispielsweise besteht eine Sequenz aus einer beliebigen Anzahl von Graphik-Text-Blöcken. Diese Blöcke haben eine feste Struktur und repräsentieren in der Kombination die gesamte Relation[5]:

$$\begin{aligned}
\text{SEQUENZ}(&\ B_1, B_2\ ) \leftrightarrow \\
&((\text{EQUAL X}(B_1)\ \text{X}(B_2)) \wedge \\
&(\text{CONNECT Y}(B_1)\ \text{H}(B_1)\ \text{Y}(B_2)) \wedge \\
&(\text{EQUAL Y}(B_1)\ \text{SUCC-Y}) \wedge \\
&(\text{CONNECT SUCC-X X}(B_1)\ \text{B}(_1))) \\
&\vee \\
&((\text{EQUAL Y}(B_1)\ \text{Y}(B_2)) \wedge \\
&(\text{CONNECT X}(B_1)\ \text{B}(B_1)\ \text{X}(B_2))) \wedge \\
&(\text{EQUAL X}(B_1)\ \text{SUCC-X}) \wedge \\
&(\text{CONNECT SUCC-Y Y}(B_1)\ \text{H}(B_1)))
\end{aligned}$$

---

[4]In den Beispielen werden zusammengesetzte Objekte als Eingabe der Constraints verwendet, um den Bezug zum Layout direkt zu zeigen. Ein Objekt B_i besteht hierbei aus einer X- und Y-Komponente, sowie einer Breite und einer Höhe.

[5]*succ-x* und *succ-y* bestimmen die X-und Y-Variable des jeweiligen Nachfolgeobjektes

Die durch den Solver hervorgerufenen Veränderungen der Variablenbelegungen werden durch die Propagierungskomponente an das Gesamtnetz weitergeleitet. Dazu verwenden wir eine inkrementelle Propagierungskomponente, die, gesteuert durch die Wichtungen der Constraints und den Variablen, Veränderungen soweit propagieren bis die Wichtungen keine Veränderungen mehr zulassen. Dazu wird die Vergleichsfunktion *locally-better* verwendet (vgl. [8, 14]), die lokale Konsistenz gewährleistet, wobei Zyklen vermieden werden müssen. Der Algorithmus traversiert die Hierarchie von den stärksten abwärts zu den schwächsten Constraints, bis alle Constraints entweder erfüllt oder blockiert sind.

4.2 Formale Arbeitsweise von *FIDOS*

FIDOS (Finite-Domain-Solver) ist ein inkrementeller Constraint-Solver, basierend auf der *Label-Inference*-Technik (vgl. [24]). Ähnlich wie bei SIVAS, werden durch FIDOS Constraints über dem Bereich der natürlichen Zahlen verarbeitet, jedoch werden den Variablen Wertemengen zugeordnet. Als effiziente Kontrollstrategie wird die Technik des *Forward-Checkings* ähnlich wie in CHIP verwendet (vgl. [24]). Die Gesamtheit der Belegungen aller Variablen in einem gegebenen Constraint-Netz bestimmt den maximalen Lösungsraum. Wenn eine Variable durch ein Constraint mit der leeren Belegung gebunden wird, besitzt daß gegebene Constraint-Netz, bezogen auf die aktuelle Belegung, keine konsistente Lösung. Die Begründung liegt dabei in der Monotonie der Constraints in FIDOS. Wenn ein Constraint-Netz A, bestehend aus n Constraints, für eine Variable X eine leere Belegung erzeugt, so hat ein Constraint-Netz B, welches das Netz A als Teilmenge enthält, ebenfalls keine Belegung für die Variable X. Dies wiederum bedeutet, daß alle Netze, die A als Teilnetz beinhalten, inkonsistent sind. Ist ein Netz als inkonsistent erkannt worden, so kann der Constraint-Lösungs-Prozeß abgebrochen werden und eine Rücksetz-Prozedur einen neuen Ansatz suchen. Die Belegung einer Variablen entspricht der Zusammenfassung aller konsistenten einelementigen Belegungen einer Variablen in einem gegebenen Constraint-Netz.

Globale Constraints, welche globalen Beziehungen repräsentieren, werden über dem Bereich der *Basis-Constraints* definiert. Basis-Constraints sind arithmetische oder mengenwertige Funktionen[6] und haben wie in SIVAS den Charachter von Funktionen. Sie bestimmen aus der Belegung gegebener Domänen-Variablen den Wertebereich, der neu zu belegenden Ausgabevariablen, wozu der gesamte Berechnungsumfang der zugrundeliegenden LISP-Funktionen zur Verfügung steht.

Die auf Basis-Constraints aufbauenden *Grund-Constraints* repräsentieren vor allem Mengenoperationen über dem Bereich der natürlichen Zahlen. Über dem Bereich der Grund-Constraints lassen sich aggregierte Constraints definieren. Es wird zwischen unidirektionalen und bidirektionalen aggregierten Constraints unterschieden, die entweder nur in Richtung der neu zu belegenden Variablen oder auch in Richtung der Eingabevariablen wirken. Im Normalfall wirkt die Auswertung eines Constraints in beide Richtungen, da die Belegung einer Variablen Rückwirkungen auf die Variablen hat, die in diesem Constraint als Eingabe dienen. Unidirektionale Constraints werden verwendet, wenn eine Einheit auf einem bestimmten Bereich der Layout-Fläche fixiert werden soll, womit sie die Semantik von Zuweisungen haben.

Sollen Domänen-Variablen einer Layouteinheit durch eine andere Einheit über ein Constraint belegt werden, so werden bidirektionale Constraints verwendet. Sie belegen zuerst die Domänen-Variablen der zu belegenden Layouteinheit und im Gegenzug die der Layouteinheit, die als Eingabe dieses Constraints agiert. Dabei wird durch bidirektionale Constraints bestimmt, wie die Domänen-Variablen von Layouteinheiten sich gegenseitig beeinflussen.

Am Beispiel[7] des Constraints *RechtsVon* soll die Definition eines aggregierten Constraints illustriert werden.

---

[6]Im Beispiel gehören FDADD, FDMIN, FDMAXRIGHT und FDDIFF zur Klasse der Basis-Constraints. Dabei werden beispielsweise zwei Werte durch FDADD addiert und der kleinste Wert einer Belegungsmenge einer Constraint-Variablen durch FDMIN bestimmt

[7]Um den Bezug zur automatischen Layoutgenerierung herzustellen, werden die ersten vier Parameter mit der X-, Y-, Breite und Höhe-Variablen der zweiten und die zweiten vier mit denen der ersten Einheit gematcht. Allgemein kann FIDOS aber Constraints zwischen beliebigen Variablen, d.h unabhängig vom Bezug zum Layout auswerten und erhalten.

```
(DefFDConstraint Rechtsvon (B₁, B₂) ↔
    (FDADD (FDMIN X(B₁)) H(B₁)) ∧              ;;; x2-min
    (FDMAXRIGHT MIN B(B₂) Y(B₁)))∧             ;;; x2-max
    (FDMIN Y(B₁))∧                             ;;; y2-min
    (FDDIFF (FDMAX Y(B₁))(FDDIFF H(B₂) H(B₁))) ;;; y2-max
    ∧
    (FDMIN X(B₁))∧                             ;;; x1-min
    (FDDIFF (FDMAX X(B₂)) B(B₁))∧              ;;; x1-max
    (FDMIN Y(B₁))∧                             ;;; y1-min
    (FDDIFF (FDMAX Y(B₂))(FDDIFF H(B₁) H(B₂))) ;;; y1-max
```

Die Definition unterteilt die Wirkungsweise des Constraints in einen Teil, der auf die Domänen-Variablen der zu belegenden Einheit und in einen, der auf die Variablen der belegenden Einheit wirkt. Die Konjunkte bestimmen jeweils die untere und obere Grenze des Wertebereichs auf dem die Variable unter dem aktuellen Constraint-Netz gültig ist. Die Definition ist dabei durch die Verwendung von jeweils acht Variablen pro Constraint, stark auf die Gegebenheiten in der automatischen Layoutgenerierung ausgerichtet.

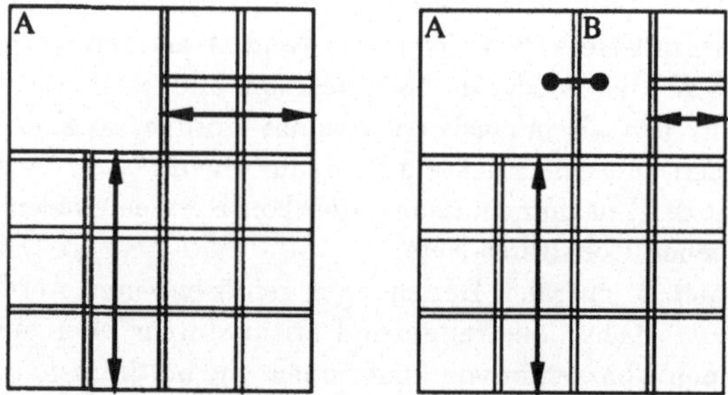

Abbildung 4: Globales Constraint *rechtsvon* zur Verbindung zweier Layouteinheiten

Der Constraint-Solving-Prozeß wird durch die Instantiierung der Parameter eines aggregierten Constraints mit den Domänen-Variablen der Einheiten gestartet. Dadurch, daß das Constraint immer auf die Domänen-Variablen aller Layouteinheiten wirkt, muß es zuerst auf Variablen der zu bindenden Einheit angewendet werden. Die Einschränkungen, die sich dadurch ergeben, werden über das Constraint-Netz an alle Domänen-Variablen propagiert, die durch diese Änderungen betroffen sind. Danach wird das Constraint in Richtung der Domänen-Variablen der anderen Einheit ausgewertet, und deren Änderungen über das Netz propagiert.

Die Propagierung wird durch Informationen gesteuert, die jedes Constraint und jede Domänen-Variable enthält. Die Verarbeitung eines bidirektionalen Constraints[8]unterteilt sich in die Auswertung des Constraints in Richtung der Ausgabevariablen und anschließender Propagierung der Änderungen sowie Auswertung in Richtung der Eingabevariablen und Propagierung dieser Änderungen. Ist ein Constraint gelöst und sind die Änderungen propagiert worden, so befindet sich das Netz entweder in einem konsistenten Zustand oder zumindest eine Domänen-Variable ist durch die leere Menge belegt.

Die Verarbeitung von Constraint-Netzen unter FIDOS erfüllt das Kriterium der lokalen Konsistenz. Dieses ist aber i.a. nicht ausreichend um eine global-konsistente Lösung des Constraint-Netzes

---

[8]Neben bidirektionalen Constraints werden auch unidirektionale Constraints verwendet, welche für FIDOS in der Verarbeitung eine Untermenge der bidirektionalen Constraints sind. Sie fixieren Layouteinheiten auf eine bestimmte Position des Rasters.

zu bestimmen. Um nicht durch Erweiterungen des Constraint-Solvers Effizienzeinbußen bei der Bestimmung eines Layouts einzugehen, wird dem Solver eine Kontrollstruktur zugeordnet, die während der Auswertung der Constraints globale Konsistenz gewährleistet. Die Kontrollstruktur verwaltet hierbei das vorgegebene Raster, auf dem die Objekte angeordnet werden sollen. Jeder Layouteinheit werden alle Koordinaten des Rasters als potentielle Plazierungspunkte der linken, oberen Ecke zugeordnet, die durch aktuell evaluierte Constraints möglich sind. Dabei ist eine Einheit solange nicht fest an eine Position gebunden, wie sie entweder nicht fixiert ist, oder das Constraint-Netz noch andere Positionen zuläßt. Wird eine Layouteinheit auf eine Position festgelegt, so wird die gesamte Fläche, die es auf dem Raster belegt, für andere Einheiten blockiert.

```
LAYOUT-SOLVE ( grid, lokRel, globRel, heuristic, docutype )
lrel = NEXT ( lokRel );
objs = GET-OBJ ( lrel );
while objs ≠ ∅ do
     grel = NEXT ( globRel, lrel );
     types = GET-TYPES ( grel );
     unit = SIVAS ( objs, types, lrel, grid );
     if unit ≠ ∅
          res = FIDOS ( unit, grel, grid );
     else
          exit ( error );
     while res == error
          unit = REFORMAT-LREL ( objs, types, lrel, grid );
          if unit = ∅
               exit ( error );
          else
               res = FIDOS ( unit, grel, grid );
          endif
     endwhile
     lrel = NEXT ( lokRel );
     objs = GET-OBJ ( lrel );
endwhile
SELECT-VALUES( globRel, docutype);
FIX-LRELS(lokRel)
```

Abbildung 5: Abstrakter Algorithmus des Constraint-Solver-Modells CLAY

Im folgenden wird der abstrakte Algorithmus von CLAY beschrieben, wobei der Schwerpunkt auf die Kopplung der beiden Constraint-Solver gelegt wird. Für eine detailliertere Ausführung der von CLAY verwendeten Algorithmen sei auf [14] verwiesen.

Der Algorithmus läuft über die Liste der lokalen Beziehungen *lokRel* und wendet ensprechende lokale Constraints vermittels dem Constraint-Solver SIVAS auf die assoziierten Layoutobjekte *objs* an[9]. Diese bilden eine Layouteinheit *unit*, der a priori eine globale Beziehung *grel* zugeordnet sein kann, wobei ansonsten eine globale Beziehung entsprechend der Heuristik *heuristic*, durch den Constraint-Solver FIDOS auf die Layouteinheit angewandt wird.

Kommt es dabei zu einer Inkonsistenz, die von FIDOS durch alternative Constraints gelöst werden kann, so wird die Funktion *REFORM-LREL* aufgerufen, die das lokale Constraint *lrel* durch eine alternative Methode auswertet, und die so entstandene Einheit *unit* wieder an den Solver FI-

---

DOS zurückgibt. Eine Inkonsistenz entsteht, wenn entweder eine lokale Beziehung durch SIVAS, oder eine globale Beziehung durch FIDOS nicht gelöst werden kann[10]. Nach Auswertung aller globalen Beziehungen wird jeder Variablen, entsprechend dem Dokumenttyp mittels einer beliebigen Selektionsfunktion *SELECT-VALUES*, genau ein Wert ihrer Lösungsmenge zugeordnet. Die somit festgelegten Koordinaten der Layouteinheiten werden an SIVAS über die Funktion *FIX-LRELS* zur Bestimmung der absoluten Koordinaten der Layoutobjekte via Constraints weitergeleitet.

5 Implementation

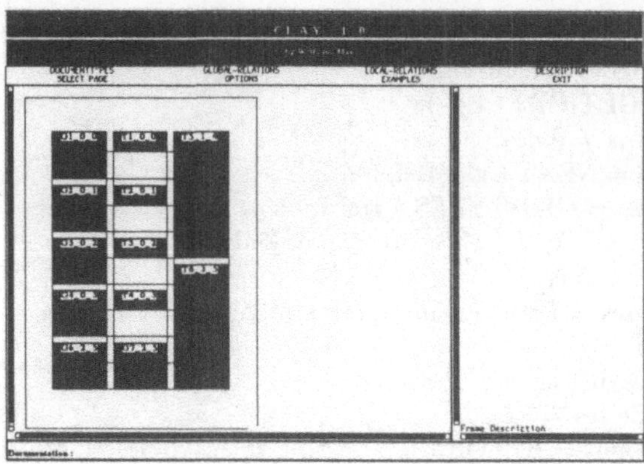

Abbildung 6: Layout von vier Einheiten auf dem Dokumenttyp *Bedienungsanleitung hoch* mit Raster

Als Testumgebung für die constraint-basierten Plazierungskomponente des Layout-Managers in WIP haben wir $C_L A^Y$ entwickelt. Diese läuft auf einer Symbolics XL1200 Lisp-Maschine und auf MacIvory Workstations unter Genera 8.0.1. Als Programmierwerkzeuge haben wir Common Lisp/CLOS und Flavors für die objektorientierte graphische *Benutzeroberfläche* verwendet. Mit $C_L A^Y$ können für verschiedene Graphik- und Textfragmente sowie zugeordnete lokale und globale Beziehungen unter Verwendung unterschiedlicher Dokumenttypen das Verhalten der Plazierungskomponente getestet werden. Neben dieser Testumgebung ist das System CLAY auch in die Testumgebung des Layout-Managers *LayLab* (vgl. [15],graf92) und in WIP integriert worden. Für die Anordnung, wie sie in Abb. 6 gezeigt wird, benötigt $C_L A^Y$ weniger als drei Sekunden Berechungszeit. Dabei ist dieses Verhalten, bedingt durch die Architektur von CLAY , linear zur Anzahl der Dokumentseiten.

6 Resümee

Die Plazierung von Text- und Graphikfragmenten in Dokumenten stellt in der aktuellen Forschung ein interessantes Themengebiet dar. Bedingt durch die Komplexität des Plazierungsproblems sind herkömmliche Verfahren nicht zu einer effizienten Berechnung in der Lage, sodaß die Verwendung von wissensbasierten Ansätzen geeignet ist. Wir haben in dieser Arbeit einen constraint-basierten Verarbeitungsmechanismus vorgestellt durch den komplexe graphische Beziehungen zwischen Layoutobjekten mittels einer deklarativen Constraint-Spezifikationssprache repräsentiert werden können und eine effiziente Verarbeitung des Plazierungsproblem für das funktionale Layout erreicht wird.

---

[10]Eine Beziehung heißt *gelöst*, wenn das assoziierte Constraint im Kontext des aktuellen Constraint-Netzes in konsistenter Weise durch den Constraint-Formalismus ausgewertet werden kann.

Literatur

[1] E. André, W. Finkler, W. Graf, T. Rist, A. Schauder, and W. Wahlster. WIP: The automatic synthesis of multimodal presentations. Technical report, Deutsches Forschungszentrum für Künstliche Intelligenz (DFKI), Saarbrücken, Januar 1992.

[2] R. Beach. *Setting Tables and Illustrations with Style*. PhD thesis, Dept. of Computer Science, University of Waterloo, Ontario, 1985.

[3] A. Borning. *ThingLab - A Constraint-Oriented Simulation Laboratory*. PhD thesis, Dept. of Computer Science, Stanford University, Stanford, CA, 1979.

[4] A. Borning, R. Duisberg, B. Freeman-Benson, A. Kramer, and M. Woolf. Constraint hierarchies. In *Proceedings of OOPSLA '87*, pages 48–60, October 1987.

[5] A. Colmerauer. An introduction to PROLOG III. *Communications of the ACM*, pages 70–90, Juli 1990.

[6] B. Freeman-Benson, J. Maloney, and A. Borning. The DeltaBlue Algorithm: An Incremental Constraint Hierarchy Solver. Technical report, University of Washington, 1988.

[7] B. Freeman-Benson, J. Maloney, and A. Borning. An Incremental Constraint Solver. *Communications of the ACM*, 33(1):54–63, 1990.

[8] B. Freeman-Benson and M. Wilson. DeltaStar, How I Wonder What You Are: A General Algorithm for Incremental Satisfaction of Constraint Hierarchies. Technical Report 90-05-02, Departement of Computer Science and Engineering, University of Washington, Seattle, April 1990.

[9] J. Gosling. *Algebraic Constraints*. PhD thesis, Dept. of Computer Science, Carnegie Mellon University, 1983.

[10] W. Graf. Constraint-based processing of design knowledge. In *Proceedings of the AAAI-91 Workshop on Intelligent Multimedia Interfaces*, Anaheim, CA, July 1991.

[11] W. Graf. Constraint-Based Graphical Layout of Multimodal Presentations. Research Report, Deutsches Forschungszentrum für Künstliche Intelligenz (DFKI), Februar 1992.

[12] W. Graf and W. Maaß. Constraint-basierte Verarbeitung graphischen Wissens. In *Proceedings 4. Internationaler GI- Kongreß Wissensbasierte Systeme - Verteilte KI*. Springer-Verlag, Berlin, Germany, October 1991.

[13] J. Jaffar, S. Michaylov, P. Stuckey, and R. Yap. The CLP(R) language and system. In *Proceedings of the 4th. International Conference on Logic Programming*, Melbourne, Mai 1987.

[14] W. Maaß. Constraint-basierte Plazierung in multimodalen Dokumenten am Beispiel des Layout-Managers in WIP. Master's thesis, Dept. of Computer Science, University of Saarbrücken, Januar 1992.

[15] W. Maaß, T. Schiffmann, and D. Soetopo. LAYLAB: Ein System zur automatischen Plazierung in multimodalen Dokumenten. Fortgeschrittenenpraktikum Wissensbasierte Graphikgenerierung, Dept. of Computer Science, University of Saarbrücken, 1991.

[16] A. Mackworth. Consistency in networks of relations. *Artificial Intelligence*, 8(1):99–118, 1977.

[17] J. Maloney, A. Borning, and B. Freeman-Benson. Constraint Technology for User-Interface Construction in ThingLabII. In *Proceedings of OOPSLA '89*, pages 381–388, October 1989.

[18] W. Mann and S. Thompson. Rhetorical Structure Theory: Towards a Functional Theory of Text Organization. *TEXT*, 8(3), 1988.

[19] J. Müller-Brockmann, editor. *Grid Systems in Graphic Design*. Verlag Arthur Niggli, Niederteufen, Switzerland, 1981.

[20] G. Nelson. Juno, a constraint-based graphics system. *Proceedings of the SIGGRAPH '85*, 19(3):235–243, 1985.

[21] G. Smolka. Residuation and Guarded Rules for Constraint Logic Programming. Technical Report 12, Digital Paris Research Laboratory, Juni 1991.

[22] G. Sussman and G. Steele. CONSTRAINTS – A language for expressing almost-hierachical descriptions. *Artificial Intelligence*, 14(1):1–39, 1980.

[23] I. Sutherland. Sktechpad: A Man-Machine Graphical Communication System. In *IFIPS Proceedings of the Spring Joint Computer Conference*, pages 329–345, 1963.

[24] P. van Hentenryck, editor. *Constraint Satisfaction in Logic Programming*. MIT Press, Cambridge, MA, 1989. Revision of Ph.D. thesis, University of Namur, 1987.

[25] C. van Wyk. A high-level language for specifying pictures. *ACM Transactions on Graphics*, 1(2):163–182, 1982.

[26] W. Wahlster, E. André, S. Bandyopadhyay, W. Graf, and T. Rist. WIP: The Coordinated Generation of Multimodal Presentations from a Common Representation. In *Computational Theories of Communication and their Applications*. Springer-Verlag, Berlin, Germany, 1991. Also DFKI Research Report RR-91-08.

[27] W. Wahlster, E. André, W. Graf, and T. Rist. Designing Illustrated Texts: How Language Production Is Influenced by Graphics Generation. In *Proceedings of the 5th Conference of the European Chapter of the Association for Computational Linguistics*, pages 8–14. Springer-Verlag, Berlin, Germany, April 1991. Also DFKI Research Report RR-91-05.

META2D – Ein Generator für Nutzungsoberflächen für 2D-Formelsprachen

Jochen Benary

Technische Universität Dresden

Institut für Rechentechnik und Angewandte Diskrete Mathematik

Mommsenstr. 13, O - 8027 Dresden

Email: hutschenreiter@urzdfn.mathematik.tu-dresden.dbp.de

Zusammenfassung

Mit „*META2D*" wird ein Metasystem vorgestellt, das eine effiziente Generierung von Nutzungsoberflächen für eine Klasse zweidimensionaler Sprachen – den 2D-Formelsprachen – ermöglicht. Eine solche Oberfläche erlaubt eine syntaxorientierte Be- und Verarbeitung von Ausdrücken einer 2D-Formelsprache. Das formale Modell zur Definition einer 2D-Formelsprachen ist eine modifizierte Attributgrammatik, das Attributschema. Daraus abgeleitet, stellt „*META2D*" eine Metasprache „M2D" zur Verfügung, mit deren Hilfe in problemangepaßter Weise die Syntax, das Formativ, das Erzeugen bzw. Editieren und die Verarbeitung einer 2D-Formelsprache beschrieben werden kann und die die Grundlage für das Erzeugen der Software für die Nutzungsoberfläche bildet.

1. Einleitung

Viele der von Fachleuten sowohl zur Kommunikation untereinander als zur Dokumentation des Fachwissens genutzten sprachlichen Mittel sind zweidimensionaler Natur. Das ist vor allem in der Fähigkeit des Menschen begründet, solche zweidimensionalen „Bilder" schnell in ihrem strukturellem Zusammenhang zu erfassen und dadurch die Informationen besser aufnehmen zu können, als es bei einer linearen Darstellung möglich ist. In vielen Fällen sind solche Bilder Ausdrücke einer zweidimensionalen Sprache, d.h. für sie gilt eine bestimmte Syntax und ihnen ist eine Bedeutung zugeordnet.

Bekannteste Beispiele dafür sind die mathematische Notation, chemische Strukturformeln, Flußdiagramme oder auch Petri-Netze. Andere Beispiele sind sprachliche Mittel, die im Zusammenhang mit der automatischen Generierung von Montagealgorithmen für die flexibel automatisierte Montage genutzt werden (z.B. [12], [16], [19]). Ein Beispiel aus dem Gebiet der Softwaretechnologie ist das „Conceptual View Modell" aus [8], das eine problemorientierte, zweidimensionale Darstellung von Datenstrukturen eines „TURING"-Programms realisiert. Die zur Definition des Modells benutzte Beschreibungssprache „GVL" [3] selbst ist auch eine zweidimensionale Sprache.

Das Spektrum solcher zweidimensionaler Sprachen reicht dabei von Sprachen, bei denen Syntax, Formativ und Semantik bereits eindeutig festgelegt sind, bis hin zu speziellen Fachsprachen, die sich in enger Wechselwirkung mit ihrem Anwendungsgebiet noch in der Entwicklung befinden.

In dem Maße, wie rechnergestützte Arbeitstechniken in den verschiedenen Fachgebieten Einzug halten, entsteht die Forderung nach einer auf den Experten des Fachgebiets zugeschnittenen Kommunikation mit dem Rechner, d.h. aber auch, daß die gewohnten, zweidimensionalen Darstellungen genutzt werden können. Wesentlich hierbei ist, daß diese Kommunikation auch tatsächlich auf einem zweidimensionalen Niveau stattfindet, und nicht über den Umweg von Zeichenketten, die als Beschreibungen der zweidimensionalen Ausdrücke interpretiert werden müssen.

Im Zusammenhang mit der automatischen Generierung von Montagealgorithmen entstand die Aufgabe, Werkzeuge zur Erzeugung von Nutzungsoberflächen für zweidimensionale Sprachen zu schaffen. Dabei wurden folgende Anforderungen gestellt:

- Nutzungsoberflächen für verschiedene zweidimensionale Sprachen sollen in effizienter Art und Weise implementiert und gewartet werden können. Da die Sprachen sich noch stark ändern können, muß die Änderung der Oberfläche in einfacher Weise möglich sein.

- Ausdrücke einer solchen Sprache sollen interaktiv und syntaxorientiert erzeugt und editiert werden können. Die Nutzung sprachspezifischer Editierkommandos soll möglich sein. Durch die syntaxorientierte Arbeitsweise sollen nur korrekte Ausdrücke erzeugbar sein.

- Zur Verarbeitung eines zweidimensionalen Ausdrucks soll er in verschiedene Texte transformiert werden können (z.B. Robotersteuerprogramme, technologische Dokumentationen usw.)

Das Arbeiten mit zweidimensionalen Ausdrücken soll Bild 1 illustrieren. Ein Quotient ist teilweise erzeugt worden. Zur Fortsetzung des Editierens kann der Platzhalter für einen Ausdruck zum Beispiel durch einen weiteren Quotienten ersetzt werden. Durch ein sprachspezifisches Editierkommando wird Zähler und Nenner vertauscht. Außerdem kann ein Quotient in einen entsprechend PASCAL-Ausdruck transformiert werden.

Für zeichenkettenorientierte Sprachen haben sich als geeignete Werkzeuge zur Erzeugung von sprachverarbeitender Software Metasysteme erwiesen wie z.B. [9], [11], [20]. Bei deren Anwendung wird mit einer (oder mehreren) Definitionssprachen (der Metasprache) die Fachsprache und deren Verarbeitung beschrieben. Daraus kann dann automatisiert die sprachverarbeitende Software abgeleitet werden. Die Metasprachen basieren letztendlich auf einem geeigneten Formalismus, der die Definition von Syntax und Verarbeitung einer ganzen Klasse von Fachsprachen ermöglicht. In vielen Fallen (z.B. [10], [11], [20]) bilden modifizierte Attributgrammatiken [14] die formale Grundlage.

Im weiteren werden Ergebnisse von Arbeiten vorgestellt, die der Verfasser, ausgehend von den genannten Problemkreisen, in den letzten Jahren für eine spezielle Klasse zweidimensionaler Sprachen – den 2D-Formelsprachen – durchgeführt hat. Auf Grund der Erfahrungen mit der Behandlung von Zeichenkettensprachen wurde für die zweidimensionalen Sprachen ein analoges Vorgehen gewählt.

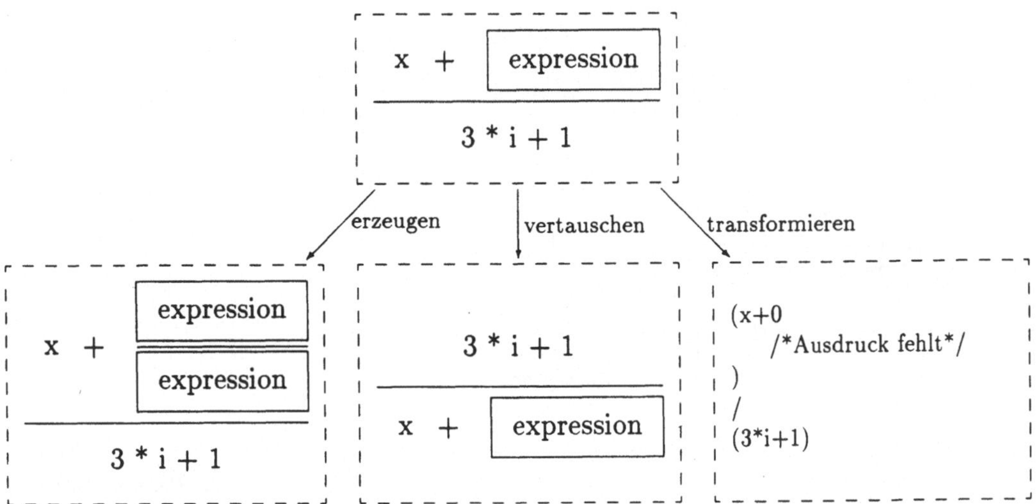

Bild 1: Beispiel für die Arbeit mit zweidimensionalen Ausdrücken

Das beinhaltete

- die Ableitung eines formalen Modells (basierend auf modifizierten Attributgrammatiken) zur Definition einer 2D-Formelsprache. Dazu gehören Komponenten zur Definition

  - der Syntax der Elemente einer 2D-Formelsprache (den 2D-Formeln), d.h. aus welchen Teilformeln sich eine 2D-Formel zusammensetzt,

  - des Formativs einer 2D-Formel, d.h. wie eine 2D-Formel darzustellen ist,

  - des pragmatischen Teils einer 2D-Formelsprache, d.h. wie Ausdrücke dieser Sprache erzeugt bzw. editiert werden können und

  - der Semantik der 2D-Formeln, festgelegt durch Ihre Verarbeitung mittels Transformationen.

- die Entwicklung und Realisierung des Metasystems „$META2D$" mit dazugehöriger Metasprache „M2D", das die automatische Erzeugung der Software zur Nutzung einer 2D-Formelsprache in der Mensch-Computer-Kommunikation aus ihrer metasprachlichen Beschreibung ermöglicht. Die Metasprache ist dabei eine Beschreibungssprache für die sprachabhängigen Teile des formalen Modells (Bild 2).

Ein Beispiel für ein Metasystem zur automatisierten Generierung von syntaxorientierten Editoren für zweidimensionale Sprachen ist „G^2F" [7]. Die realisierte Sprachklasse umfaßt Sprachen, deren Ausdrücke zweidimensionale Formeln sind. Mit Hilfe der Metasprache werden nur die Syntax und das Formativ einer zweidimensionalen Sprache beschrieben. Ein daraus generierter Editor ermöglicht dann mittels vordefinierter Editierkommandos das Erzeugen bzw. Editieren von Formeln der Sprache. Eine explizite Beschreibung von sprachspezifischen Editierkommandos und der Verarbeitung ist innerhalb des Metasystems nicht vorgesehen.

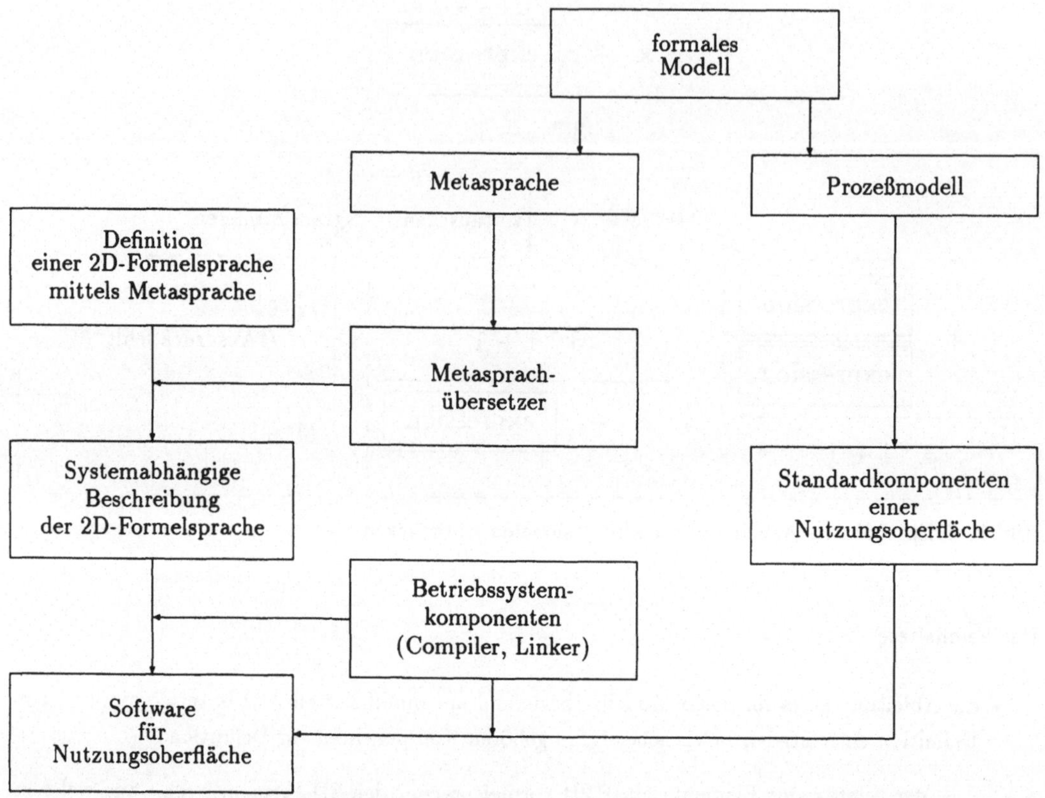

Bild 2: Komponenten des automatischen Generierens von Nutzungsoberflächen für 2D-Formelsprachen

Im weiteren sollen einige Komponenten des Metasystems „*META2D*" näher vorgestellt werden. Dabei wird auf das formale Modell und seine Widerspieglung in der Metasprache „M2D" eingegangen.

2. Die Definition einer 2D-Formelsprache

Syntaxorientierte, formale Beschreibungsmittel für insbesondere zweidimensionale Darstellungen, die sich an den Grammatikbegriff für Zeichenkettensprachen anlehnen, spielen etwa seit Beginn der siebziger Jahre eine zunehmende Rolle [6]. Vorrangig wurden diese Mittel im Zusammenhang mit der sogenannten „syntaktischen Mustererkennung" entwickelt. Allerdings erlauben sie zum größten Teil nur die Definition von Syntax und Formativ einer zweidimensionalen Sprache. Die Definition, wie diese Sprache in der Mensch-Computer-Kommunikation genutzt werden soll, war nur in geringem Maße möglich.

Unter dem Gesichtspunkt des Einsatzes zweidimensionaler Sprachen in der Mensch-Computer-Kommunikation wurden diese Ansätze weiterentwickelt („System präzisierter sprachbildender Funktionen" [17], „typisierte, holoistische Formeldefinitionen" [7], „Graphical Specification Language" [5]). Dabei wird die Definition der Syntax und des Formativs um Festlegungen erweitert, wie die definierte Sprache genutzt werden kann und welche Resultate die Nutzung haben soll, d.h. die Syntaxdefinition wird um semantische und pragmatische Komponenten ergänzt. Bei [17] wird zum Beispiel dazu mittels Attributen die Transformation bzw. Interpretation eines Ausdrucks der zweidimensionalen Sprache beschrieben. Ungeklärt bleibt hier die Art und Weise der Erzeugung von Ausdrücken einer zweidimensionalen Fachsprache.

Es hat sich gezeigt, daß sich analog zur Definition von Zeichenketten-Sprachen eine 2D-Formelsprache mittels einer modifizierten Attributgrammatik – dem Attributschema – definieren lassen.

Ein *Attributschema* AS ist ein 5-Tupel AS = (L , E , C , R , s) . Die Elemente aus L heißen *Sprachsymbole* (Nichtterminale), die aus E *Elementarsymbole* (Terminale) und die Elemente aus C *Verkettungssymbole*. Die Elemente aus R sind die *Regeln* und $s \in L$ ist das *Startsymbol*. Den Sprachsymbolen werden Attribute und den Regeln semantische Funktionen zugeordnet. Den Elementarsymbolen werden auch Attribute und darüber hinaus semantische Relationen zugeordnet.

Die Besonderheiten eines Attributschemas gegenüber Attributgrammatiken ergeben sich aus der Notwendigkeit, die geometrische Struktur der 2D-Formeln beschreiben zu müssen. Sie lassen sich folgendermaßen charakterisieren:

- Die Regeln der Regelmenge haben die Form

  x $\longrightarrow$ concatenate(x_1 , ... , x_n) ,

  wobei x ein Sprachsymbol ist und die x_i Sprach- oder Elementarsymbole sind. concatenate(...) steht für einen *Verkettungsausdruck*, d.h. einen Ausdruck, der sich aus Sprach-, Elementar- und Verkettungssymbolen zusammensetzt, und der dadurch neben der Syntax auch das Formativ beschreibt. Alle Regeln mit dem selben Sprachsymbol x auf der linken Seite beschreiben so die Syntax und das Formativ für die sogenannte Teilsprache x.

- Jedem Elementarsymbol (Terminal) wird eine Menge von (elementaren) 2D-Formeln, eine *Elementarsprache*, zugeordnet. In diesem Sinne kann das Elementarsymbol auch als Startsymbol für eine Elementarsprache aufgefaßt werden. Diese wird aber nicht mit Hilfe des Attributschemas beschrieben, sondern mit anderen, für die Beschreibung solcher Elementarsprachen geeigneteren graphischen Mitteln.

- Jedem Sprach- und Elementarsymbol können sowohl synthetisierte als auch ererbte Attribute zugeordnet werden. Spezielle, standardmäßig vorgegebene Attribute werden dabei genutzt, um für eine 2D-Formel der durch das Attributschema definierten 2D-Formelsprache ihre Darstellung zu konstruieren, das Erzeugen bzw. Editieren der 2D-Formel fest zu legen und ihre Verarbeitung zu beschreiben.

- Analog zu Attributgrammatiken erhält man mittels eines Attributschemas einen attributierten Strukturbaum für eine 2D-Formel. Im Fall der 2D-Formelsprachen besteht die Besonderheit des Strukturbaums darin, daß seine Kanten mit den entsprechenden Verkettungssymbolen beschriftet sind, die in den formalen Verkettungsausdrücken benutzt wurden. Dieser Strukturbaum bildet nun die Grundlage für alle Operationen mit der durch ihn beschriebenen 2D-Formel, das Darstellen, das Erzeugen bzw. Editieren und die Transformation der 2D-Formel.

Die Metasprache „M2D" des Metasystems „$META2D$" erlaubt nun, jede Teil- und Elementarsprache mit Hilfe eines Moduls zu beschreiben. Ein solcher Modul spiegelt alle für die Definition der Teil- bzw. Elementarsprache wichtigen Teile wider und besteht (soweit notwendig) aus folgenden Komponenten:

- Name der Teil- bzw. Elementarsprache

- Namen und Attribute der zur Definition benutzten Sprachen

- Festlegung der verwendeten Verkettungsoperatoren

- Angabe der nicht standardmäßig vorgegebenen, zusätzlichen Attribute

- Definition der Syntax und des Formativs der Teil- bzw. Elementarsprache

- Bewertungsvorschriften für die zusätzlichen Attribute

- Beschreibung der Transformation

- Beschreibung der speziellen Editierkommandos

- Definition des Platzhalters

- Komponenten zur Nutzerführung (Menüs, Hilfstexte usw.)

Auf diese Komponenten wird im folgenden genauer eingegangen.

3. 2D-Formeln und deren Komposition

Eine 2D-Formel kann als ein Bild in der Ebene mit einer Menge von Punkten, die eine zweidimensionale Verkettung solcher 2D-Formeln ermöglichen, aufgefaßt werden. Das Bild einer 2D-Formel wird durch Darstellungsattribute (z.B. Farbe, Helligkeit usw. einschließlich des „leeren" Attributs für den Hintergrund) angegeben, die den Punkten der Ebene zugeordnet werden.

Zur formalen Beschreibung von 2D-Formeln wird ein 2-dimensionaler Vektorraum RS (der *Darstellungsraum*) und eine Menge von *Darstellungsattributen* RA benötigt. Eine *2D-Formel* f ist dann ein Paar (pic(f) , pnt(f)), bestehend aus

- dem *Bild* der 2D-Formel
  $$pic(f) : RS \longrightarrow RA$$

- und der *Liste der Verkettungspunkte* der 2D-Formel
  $$pnt(f) : N \longrightarrow RA \qquad\qquad N = \{0,1,2,...\} \ .$$

Beispiel:

Die durch die Figur

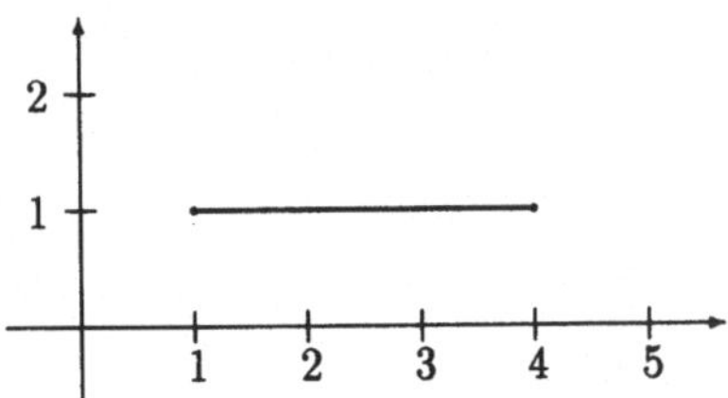

beschriebene Linie kann als eine 2D-Formel f aufgefaßt werden, die aus dem Bild

$$\text{pic}(f)(x,y) = \begin{cases} \bullet & \text{,wenn } y=1 \text{ und } x \in [1,4] \\ \text{„leer"} & \text{,sonst} \end{cases}$$

und der Verkettungspunktliste

$$\text{pnt}(f)(0) = (1,1)$$
$$\text{pnt}(f)(1) = (4,1)$$
$$\text{pnt}(f)(2) = (2,2) \text{ usw.}$$

besteht.

Zur Komposition komplexerer 2D-Formeln gibt es zwei prinzipiell verschiedene Operatoren:

- Die *Verschiebung* einer 2D-Formel f um einen Vektor v ist eine 2D-Formel $h = f \nearrow v$ mit

  $$\text{pic}(h)(x) = \text{pic}(f)(x{-}v) \qquad x \in RS$$
  $$\text{pnt}(h)(i) = \text{pnt}(f)(i){+}v \qquad i \in N$$

- Die *Verkettung* cat(i,j) (von con*cat*enation) ist ein binärer, rechtsassoziativer Operator, der eine 2D-Formel f mit einer 2D-Formel g über die zwei Verkettungspunkte pnt(f)(i) und pnt(g)(j) verkettet. Dazu wird zuerst die 2D-Formel g so verschoben, daß der Verkettungspunkt pnt(g)(j) die gleiche Position im Darstellungsraum hat wie der Verkettungspunkt pnt(f)(i). Dann werden die zwei Bilder der 2D-Formeln „überlagert". Dazu wird die Überlagerung von Darstellungsattributen als binäre Operation $\oplus$ mit Operanden aus RA und dem „leeren" Darstellungsattribut als neutralem Element definiert.

  Das Resultat einer solchen Verkettung ist also eine 2D-Formel $h = f$ cat(i,j) g mit

  $$\text{pic}(h)(x) = \text{pic}(f)(x) \oplus \text{pic}(\, g \nearrow (\, \text{pnt}(f)(i){-}\text{pnt}(g)(j)\,)\,)(x)$$
  $$\text{pnt}(h) = \text{pnt}(f)$$

Für gewöhnlich reichen für die Komposition einer 2D-Formel zwei 2D-Formeln nicht aus, es werden mehrere benötigt. Dabei können zwei Fälle unterschieden werden:

- Die *sequentielle Verkettung* beschreibt, wie die 2D-Formel f_0 mit der 2D-Formel f_1 verkettet ist, die 2D-Formel f_1 mit der 2D-Formel f_2 usw.:

  $$f_0 \text{ cat}_1 f_1 \text{ cat}_2 \ldots f_{n-1} \text{ cat}_n f_n \stackrel{\text{def}}{=} f_0 \text{ cat}_1 (\, f_1 \text{ cat}_2 (\, \ldots (\, f_{n-1} \text{ cat}_n f_n \,) \ldots)\,)$$

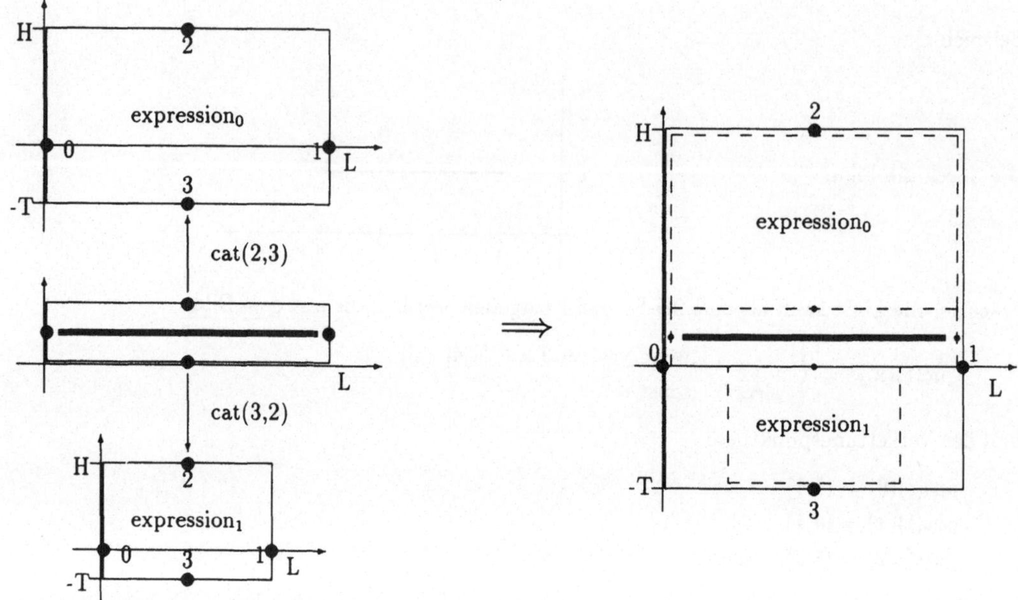

Bild 3: Verkettungsorientierte Definition eines Quotienten

- Die *verzweigende Verkettung* beschreibt, wie die 2D-Formel f_0 mit den 2D-Formeln f_1, ..., f_n verkettet ist:

$$f_0 \; BRANCH(\; \text{cat}_1 \; f_1 \;,\; \text{cat}_2 \; f_2 \;,\; \dots \;,\; \text{cat}_n \; f_n \;) \stackrel{\text{def}}{=} (\; \dots \;(\;(\; f_0 \; \text{cat}_1 \; f_1 \;)\; \text{cat}_2 \; f_2 \;)\; \dots \;)\; \text{cat}_n \; f_n$$

In der Metasprache „M2D" wird diese Art der Komposition komplexerer 2D-Formeln aus Teilformeln durch Verkettungsausdrücke beschrieben.

Beispiel:

Das Bild 3 veranschaulicht, wie ein Quotient verkettungsorientiert definiert werden kann. Er besteht aus drei Teilformeln mit entsprechend definierten Verkettungspunkten.

Zur Beschreibung dieser Konstruktion in „M2D" sei das Sprachsymbol „expression" mit den synthetisierten Attributen Höhe (h), Tiefe (t), Länge (l) und den Verkettungspunkten gemäß Bild 3 bereits definiert. Dann können die Module für das Sprachsymbol „fraction" mit den synthetisierten Attributen Höhe, Tiefe und Länge (h, t, l) und die dem Elementarsymbol „line" mit dem ererbten Attribut Länge (l) zugeordnete Elementarsprache folgendermaßen beschrieben werden:

```
LOCAL LANGUAGE fraction

SUBLANGUAGES expression ( INT h, t, l; )
             line ( >> INT l; INT h;)
             /* benutzte Teilsprachen mit ihren zusätzlichen Attributen,
                '>>' kennzeichnet inherente Attribute
             */

DIRECTIONS #oben# :  CAT( 2 , 3 )
           #unten# :  CAT( 3 , 2 )
           /* definiert zwei Verkettungsoperatoren
           */

DEFINITION fraction ( INT h, t, l; )
               CATPOINTS ( (0,0) (1,0) (1/2,h) (1/2,-t) ) :
           /* definiert die Verkettungspunkte eines Quotienten
              als Wert des standardmäßigen Attributs CATPOINTS
           */

     line ( line_l=max(expression[0]_l,expression[1]_l) )
        BRANCH ( #oben# expression[0]()
               , #unten# expression[1]()
               )
        /* Verkettungsausdruck, der die Komposition des Quotienten
           aus zwei Ausdrücken und einem Bruchstrich beschreibt,
           die Länge des Bruchstrichs wird durch die Längen der
           Ausdrücke bestimmt
        */

ATTRIBUTES /* Bewertung der zusätzlichen Attribute des Quotienten */
           h=expression[0]_t+expression[0]_h+line_h;
           t=expression[1]_t+expression[1]_h;
           l=line_l;
END.

ELEMENTARY LANGUAGE line

DEFINITION line ( >> INT l; INT h; )
               CATPOINTS ( (0,h/2) (1,h/2) (1/2,h) (1/2,0) ) :
     LINE(2,((0,h/2)(1,h/2),WHITE)
           /* beschreibt die Darstellung eines Bruchstrichs
           */

ATTRIBUTES h=10;

END.
```

4. Die Verarbeitung von 2D-Formeln

Die Verarbeitung von 2D-Formeln einer Teilsprache wird durch die Transformation in Zeichenketten realisiert. Zur Beschreibung der Verarbeitung gibt es in „M2D" das standardmäßig vorgegebene synthetisierte Attribut „TXT". Da eine 2D-Formel in verschiedene Zeichenketten transformiert werden kann, ist TXT eine Liste von Zeichenketten, die die einzelnen Transformationsergebnisse darstellen, d.h. TXT[i] enthält das i-te Transformationsergebnis. Die Beschreibung der Transformationen erfolgt in „M2D" durch die Bewertung des Attributs „TXT":

TEXTS -> Beschreibung des 1. Transformationsergebnis

      -> Beschreibung des 2. Transformationsergebnis

    ⋮

Beispiel:

Ausdrücke der Teilsprache „fraction" sollen zum einen in PASCAL-Ausdrücke und zum anderen in umgekehrte polnische Notation transformiert werden, wobei für die Teilsprache „expression" in analoger Weise die Transformation definiert sei.

```
LOCAL LANGUAGE fraction
:

TEXTS -> "(" expression[0]_TXT[1]  ")/(" expression[1]_TXT[1]  ")"
      -> expression[0]_TXT[2]  " "  expression[1]_TXT[2]  " /"


END.
```

Der Wert von TXT[0] wird automatisch erzeugt und ist immer die Folge der Nutzerkommandos, die zur Erzeugung der 2D-Formel benötigt werden.

5. Das Erzeugen bzw. Editieren von 2D-Formeln

Im Zusammenhang mit der Nutzung zweidimensionaler Darstellungen in der Mensch-Computer-Kommunikation spielte die Entwicklung problemorientierter Editoren eine wesentliche Rolle. Hierbei ist der Übergang vom Editieren der Beschreibung der zweidimensionalen Darstellung (z.B. [4], [15]) zum interaktiven Editieren der zweidimensionalen Darstellung selbst (z.B. [1], [7], [13]) festzustellen. Neben freien Editoren (z.B. „CHIWRITER", Desktop-Publishing-Systeme wie „PAGEMAKER") wurden eine Reihe syntaxgestützter Editoren entwickelt. Als Beispiele solcher Editoren seien hier „EDIMATH" für mathematische Ausdrücke [1], „DIOGENES" für Modell-Netze [13], und „R-Graphen" für die graphische Darstellung des Steuerflusses von PASCAL bzw. C [21] genannt. Das Editieren selbst erfolgt auf der Grundlage einer Menge elementarer Editierkommandos, wie sie auch von syntaxorientierten Editoren für Zeichenkettensprachen her bekannt sind [18].

Ein wichtiger Vorteil syntaxgestützter Editoren ist, daß während des Editierens nur syntaktisch korrekte Darstellungen bzw. Fragmente solcher Darstellungen erzeugt werden können und damit eine Syntaxkontrolle nach dem Editieren und vor der Verarbeitung einer Darstellung unnötig ist.

Für die Entwicklung des Metasystems „*META2D*" entstand hier die Aufgabe, aus der Definition einer 2D-Formelsprache als eine Komponente der Nutzungsoberfläche einen syntaxorientierten Editor abzuleiten. Dazu wurde von folgenden Prinzipien ausgegangen:

- Grundlage des Editierens ist der Syntaxbaum der 2D-Formel bzw. eines Fragments einer solchen Formel.

- Das Editieren selbst ist eine Folge der Aktionen

    - Darstellen der 2D-Formel bzw. des Fragments

    - Empfangen eines Editierkommandos und dessen Auswertung

    - Modifitieren des Syntaxbaumes entsprechend dem Kommando

    - Darstellen des neuen Fragments

- Als elementare Editierkommandos sind standardmäßig definiert

    - das *Lokalisieren* zum Festlegen der Teilformel, auf die sich die nächsten Editierkommandos beziehen

    - das *Generieren* zum Erzeugen einer neuen Teilformel

    - das *Streichen* zum Entfernen einer bereits erzeugten Teilformel

    - das *Kopieren* zum Ablegen einer Teilformel in einem Zwischenpuffer

    - das *Einfügen* zum Ersetzen einer Teilformel durch den Inhalt des Zwischenpuffers

    - das *Ausführen* von sprachspezifischen Editierkommandos

Auf der Ebene der Definition einer 2D-Formelsprache mittels „M2D" spiegelt sich die Editorkomponente durch folgende Sprachelemente wider:

- Jedem Sprach- und Elementarsysmbol wird das synthetisierte Attribut „INPUT" zugeordnet. Die Bewertungsvorschrift für dieses Attribut beschreibt die Folge der Editierkommandos, die zum Erzeugen einer 2D-Formel der entsprechenden Teilsprache benötigt werden. Wird diese Bewertungsvorschrift weggelassen, wird angenommen, daß zum Erzeugen der 2D-Formel ihre Teilformeln in der Reihenfolge, wie sie im Verkettungsausdruck stehen, erzeugt werden sollen.

- Teilsprachen können einen Platzhalter (Prompt) zugeordnet bekommen. Beim Erzeugen einer 2D-Formel, die eine Teilformel dieser Teilsprache enthält, wird zuerst dieser Platzhalter erzeugt und dargestellt. Im weiteren Verlauf des Editierens kann dieser dann lokalisiert werden und die gewünschte Teilformel erzeugt werden.

- Die sprachspezifischen Editierkommandos können auf der Grundlage der elementaren Kommandos definiert werden.

- Zur Führung des Nutzers können Menüs und Online-Hilfen beschrieben und beim Editieren genutzt werden.

Beispiel:

Bei der Erzeugung eines Ausdrucks der Teilsprache „expression" soll zuerst ein Platzhalter erzeugt werden (siehe auch Bild 1). Setzt der Nutzer das Editieren bei einem solchen Platzhalter fort, soll er aus einem Menü auswählen, welchen konkreten Ausdruck er erzeugen will.

```
PARTIAL LANGUAGE expression

SUBLANGUAGES fraction ( INT h, t, l; )
              integral ( INT h, t, l; )
              simple ( INT h, t, l; )
DEFINITION expression ( INT h, t, l; )
                CATPOINTS ( (0,0) (1,0) (1/2,h) (1/2,-t) ) :
     MENU #auswahl# ( quotient()
                    , integral()
                    , simple()
                    )
          /* Ein Ausdruck kann ein Quotient, ein Integral oder ein
             einfacher Ausdruck sein,
             durch das Menü 'auswahl' steuert der Nutzer, welche Art
             eines Ausdrucks er konkret erzeugen möchte
          */

ATTRIBUTES ...
  ⋮

PROMPT CATPOINTS ( (0,0) (1,0) (1/2,h) (1/2,-t) ) :

     LINE(5,((0,0)(100,0)(100,20)(0,20)(0,0)),WHITE)
     TEXT("expression",(30,5),NORMAL)

          /* beschreibt das Aussehen des Platzhalters :  | expression |
          */

     ATTRIBUTES h=20; t=0; l=100;

     TEXTS -> " 0 /* Ausdruck fehlt */ "

ENDPROMPT.

INTERFACE

     MENU #auswahl# ( "Quotient" , "Integral" , "einfacher Ausdruck" )
END.
```

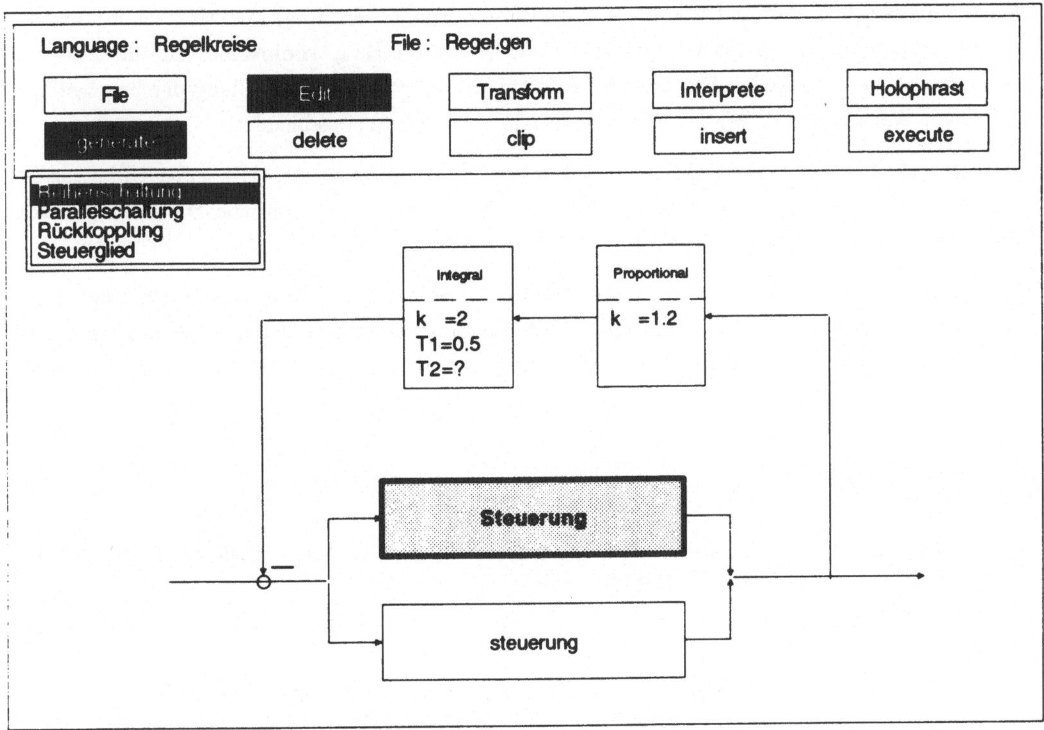

Bild 4: Regelkreise als 2D-Formelsprache

Ein sprachspezifisches Kommando für einen Quotienten ist das Vertauschen von Zähler und Nenner.

```
LOCAL LANGUAGE fraction
   ⋮
COMMANDS -> \DELETE \GENERATE expression[1]_TXT[0] expression[0]_TXT[0]
END.
```

6. Schlußbemerkungen

Mit Hilfe der Metasprache „M2D" können die zur Definition einer 2D-Formelsprache benötigten Komponenten vollständig beschrieben werden. Dabei unterstützen die metasprachlichen Elemente eine problemorientierte, modulare und strukturierte Arbeitsweise bei der Implementierung einer Nutzungsoberfläche.

Die Nutzungsoberfläche selbst hat eine standardisierte Form (siehe Bild 4) und wird bei der Softwareerzeugung automatisch generiert. Im oberen Teil werden die Hauptkommandos und darunter die Unterkommandos dargestellt. Der untere Teil dient der graphischen Darstellung der bearbeiteten 2D-Formel. Wenn benötigt, werden Menüs und online–Hilfetexte eingeblendet.

Das Metasystem selbst wurde auf PC-Technik unter DOS implementiert. Mit seiner Hilfe wurden Nutzungsoberflächen für mathematische Formeln, Flußdiagramme, graphische Darstellungen von Regelkreisen und andere 2D-Formelsprachen realisiert.

Weiterführende Arbeiten zielen auf die Erweiterung der beschreibbaren Sprachklasse, auf Möglichkeiten, andere Nutzungskomponenten (Interpretation, Kopplung an andere Datenverarbeitungsprozesse u.ä.) definieren zu können und auf die Bereitstellung von Mitteln zur sprachspezifischen Gestaltung der Nutzungsoberfläche.

7. Literatur

[1] Andrè, J., Grundt, Y., Quint, V.: Towards an Interactive Math Mode in TEX, IRISA - publications internes No.257, Rennes, 1985

[2] Benary, J.: 2D-Formelsprachen in der Mensch-Computer-Kommunikation, Dissertation, TU Dresden, Sektion Mathematik, 1989

[3] Cordy, J.R., Graham, T.C.N.: GVL: A Graphical Functional Language for the Specification of Output in Programming Languages, Proceedings of the 1990 IEEE International Conference on Computer Languages, March 1990

[4] Foxley, E.: Music — a Language For Typesetting Music Scores, Software Practice & Experience, Vol. 17 No. 8, 1987, S.485ff.

[5] Franchi-Zannettacci, P.: Attribute Specifications for Graphical Interface Generation, Proceedings of the Eleventh World Computer IFIP Congress, 1989, S.149ff.

[6] Fu, K.S.(ed.): Syntactic Pattern Recognition, Applications, Communication & Cybernetics, Vol.14, Springer Verlag, 1977

[7] Gabriel, R.: Entwurf und Implementierung eines Generators für Editoren mit zweidimensionalen Symboldarstellungen, Diplomarbeit, Universität Karlsruhe, Fakultät für Informatik, 1987

[8] Graham, T.C.N.: Conceptual Views of Data Structures as a Programming Aid, External Technical Report 88-225, Department of Computing and Information Science, Queen's University at Kingston, 1988

[9] Grosch, J.: UWE – Automatische Generierung effizienter Compiler, Sonderdruck aus GMD-Jahresübersicht, Gesellschaft für Mathematik und Datenverarbeitung, 1988

[10] Grosch, J.: Object–Oriented Attribute Grammars, Report No.18, Gesellschaft für Mathematik und Datenverarbeitung, 1990

[11] Großmann, R. u.a.: Fachsprachsystem DEPOT2a, TU Dresden, Schriftenreihe des WBZ MKR/IV, Heft 85/87, 1987

[12] Homen de Mello, L.S., Sanderson, A.C.: AND/OR Graph Representation of Assembly Plans, in IEEE RA 6 (1990) 2, 1990, S.188ff.

[13] Kaltwasser, J., u.a.: Dialog–orientiertes Graphisches Petri–Netz–Entwicklungssystem (DIO-GENES), AdW der DDR, ZKI Informationen 4/87, 1987

[14] Knuth, D.E.: Semantics of Context–Free Languages, Mathematical System Theory, Vol.2 No.2, 1968, S.127ff.

[15] Kupka, H.: LaTeX– Eine Einführung, Addison–Wesley Verlag, Bonn, 1988

[16] Kusiak, A.: Aggregate Scheduling of a Flexible Machining and Assambly System, in IEEE RA 5 (1989) 4, 1989, S.451ff.

[17] Lötzsch, J.: Metasprachlich gestützte Verarbeitung ebener Fachsprachen, Dissertation, TU Dresden, Sektion Mathematik, 1982

[18] Meyrowitz, N., van Dam, A.: Interactive Editing Systems I, II, Computing Surveys, Vol.14 No.3, 1982, S.321ff.

[19] Shpitalni, M., Elber, G., Lenz, E.: Automatic Assembly of Three-Dimensional Structures via Connectivity Graphs, Annals of the CIPR 38/1/89, 1989, S.25ff.

[20] Teitelbaum, T., Chapman, R.: Heigher-Order Attribute Grammars and Editing Environments, Proccedings of the ACM SIGPLAN'90 Conference on Programming Language Design and Implementation, 1990, S.97ff.

[21] Velbickij, I.V.: Algebra konstruirovania algoritmov i programm, Uprovljajuŝĉie sistemy i maŝiny, No.6, Kiew, 1987, S.99ff.

Software Technology
and
Two-Dimensional Editing

Robert Gabriel

GMD FIRST
(German National Research Center for Computer Science)
Am Hardenbergplatz 2
D-1000 Berlin 12
Email: gabriel@first.gmd.de

Abstract

Two-dimensional representations of information play an important role in software engineering. In this paper we give a software-technological model for the construction of tools supporting two-dimensional editing. Possible means for the specification of two-dimensional representations are surveyed, and a generator for two-dimensional editors that can be considered as a possible instance of the presented model is decribed.

1   Introduction

Two-dimensional representations of information play an important role in software engineering. Since the availability of bitmap terminals the number of activities to support two-dimensional representations in user-interfaces has steadily increased and quite a number of support tools have been constructed.

The majority of graphical user-interfaces work appropriately for the particular class of two-dimensional representations that were planned to support, and they were constucted from scratch. When it becomes necessary, however, to fulfill new requirements or even only slightly different ones, considerable effort has to be dedicated to reprogramming.

We claim that a lot can be gained by exploiting the rich set of techniques provided by the domain of software technology: large parts of graphical user interfaces should be specified in abstract ways and the implementation of these parts should be realized automatically by transformation rather than by hand-coding.

In this paper we give a software-technological model for the construction of tools supporting two-dimensional editing. Possible means for the specification of two-dimensional representations are surveyed, and a generator for two-dimensional editors that can be considered as an instantiation of the presented model is decribed.

2 Examples of two-dimensional representations

Two-dimensional representations of information play an important role in software engineering. They help to display the underlying data in a user-friendly way. Many of the examples for kinds of data that lend themselves naturally to two-dimensional presentation come from the domain of parallel and distributed programming:

- Multi-processor systems: two-dimensional representations display processor connections. and process scheduling and communication[19].

- Networks: gauges and meters can be used as two-dimensional abstractions of the state of computer networks [5].

- Petri Net Animation: two-dimensional representation and animation techniques can be used to display the evaluation of Petri networks[16] [22].

- Process control applications: the structure and state of systems (e.g. a clinical neurophysiological monitoring system[6]) can be visualized and animated.

Examples more related to sequential programming are

- Program Structure: the module structure and use dependencies of large programs can be represented graphically[21].

- Program debugging environments: these show graphical views of the program data state. showing the modifications in the data state as the program runs [23][26][17].

Further examples for the use of two-dimensional representations in software engineering come from the area of formal program development. Formal program development comprises the complete specification of the properties of programs, the application of formal methods like VDM or Z [18,31], and the conduction of complete proofs of conditions that have to be met during the process of software construction. Latest developments are meta-calculi designed for the expression of all these different kinds of formal objects in a uniform language. An example is the meta-calculus Deva [29,30] developed in the ESPRIT project 510 ToolUse [12].

3 A software-technological model

This section presents a model for the construction of two-dimensional representation manipulating editors. As shown in figure 1. the model suggests to abstract from the set of two-dimensional representations that should be supported. The requirements for these representations should be specified and the corresponding layout procedures should be derived from the given requirements.

The model offers a wide range of possibilities for the nature of the specification formalism that one might want to use:

The simplest and most wide-spread way is algorithmic specification. i.e. programming. This is particularly useful for highly sophisticated graph layout algorithms, because their automatic derivation from specifications is out of reach for the time being. Nevertheless. it seems promising to look at this problem also through the software-technological lens, because graph layout algorithms usually are hard to adapt, when it becomes necessary to fulfill additional constraints [2].

Another possibility is to use structure-oriented specification formalisms, like attribute grammars [20] or attribute graph grammars [13]. They have shown to be valuable for the description and

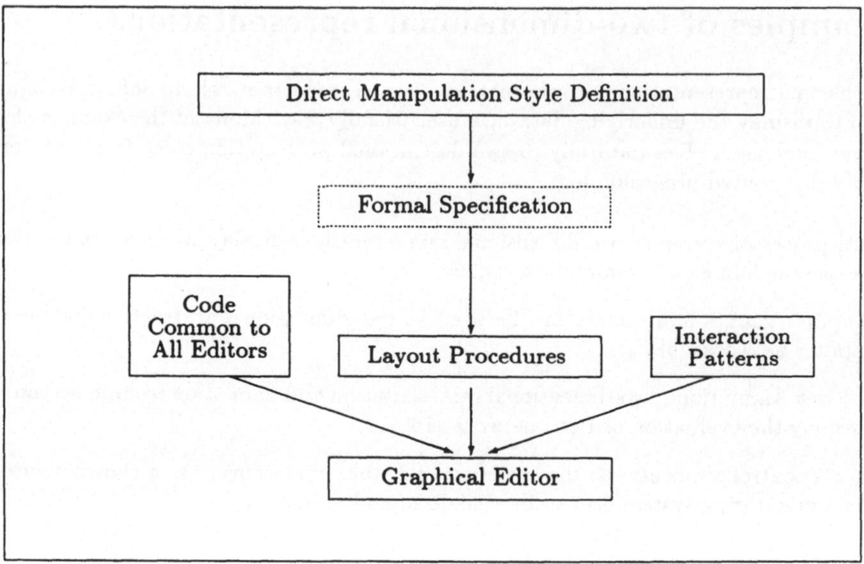

Figure 1: The software-technological model underlying G^2F

generation of structure-oriented language environments [27] as well as for graphical user interfaces as reported in [7].

One of the most adequate formalisms for the specification of two-dimensional representations are constraints, because they use relationships between the parts of a representation rather than calculations [3]. On the other hand this generality requires very sophisticated generators. Therefore, constraint-based systems restrict themselves to a reduced set of supported relationships [25] or require the user to give the necessary algorithms for constraint-satisfaction [4].

Last we would like to mention a very user-friendly way to specify two-dimensional representations: definition by direct manipulation [28]. In the ideal case, a user would give example drawings and a system would infer the intended constraints. One of the first practical systems in that realm is Peridot [24]: The inference process is highly interactive, i.e. the user is asked whether it is true that a certain derived constraint should hold or not. Another example is the system G^2F which is described in the next section.

4   Instantiating the model

The purpose of this section is to give an overview of the capabilities of G^2F , a generator of two-dimensional representations manipulating editors. G^2F can be considered as an instance of the software-technological model presented, and we will give an overview of its general characteristics and of the specification-generation experiments that have been carried out.

4.1   General characteristics of G^2F

G^2F is a generator of two-dimensional formulae manipulating structure-oriented editors. These editors can be used as user interfaces to formal systems by defining a set of interaction patterns [11]. Examples for formal systems where a tool like G^2F can be helpful are algebra systems, theorem provers or formal software development environments.

G^2F uses direct manipulation style definitions for the specification of two-dimensional representations. As indicated in figure 1, each of these definitions is automatically transformed into layout procedures. Other kinds of generated procedures deal with the calculation of dimensions and the construction of various kinds of menues.

The generated procedures are compiled and linked together with code common to all editors, which realizes standard operations of structure editors for edition and search commands, for instance.

Every graphical object edited is implicitly tree structured according to the formula grammar defined. In addition a unique textual representation satisfying the LALR(1) condition may be defined for every editable formula.

This feature forms the basis for using the editors as interfaces to formal systems. It also provides an alternative to structure-oriented editing, because the textual equivalent of a formula can be inserted as well.

The current version of G^2F is based on the X-window system and runs on UNIX workstations.

4.2 Specification-Generation Experiments

We will show how G^2F supports the specification of two-dimensional layout procedures by giving example drawings, and how these specifications are transformed to the level of procedures or to an intermediate level of attribute grammar specifications.

4.2.1 Definition by Example

The most important design decision taken concerns the way the layout of two-dimensional formulae is specified: G^2F facilitates direct manipulation style definitions. With G^2F , formulae are defined in two steps: first, a prototype layout of the envisaged formula is drawn. Then a couple of layout modes are selected [8]. This information is used to derive layout procedures for the example formula drawn. A detailled description of this derivation process is in [9].

Figure 2 shows how the definition of the layout of a quotient can be achieved: the only layout mode used is *corner-relative* addressing. This entails that the line end points of a quotient are addressed relatively to the closest corner of the nearest argument. The little arrows indicate that the arguments shall be centered against one another, and the class of admissible formulae as numerator is *formula*.

For the definition of the complete structure editor all graphical definitions are structured in a context-free grammar like style. Arguments of formulae correspond to nonterminals and determine the class of graphical objects which are allowed to be substituted for a particular argument in the structure editor.

The procedure for drawing quotients that is finally generated by G^2F , e.g., obeys the schema shown in figure 3.

4.2.2 Specification with attribute grammars

One of the drawbacks of the original system G^2F is its limited power which results from the decision to rely on direct manipulation style definitions only. This limitation can be overcome by adding an extra level to the generation process: the level of formal specification. Such an extra level serves two purposes: First, it becomes clearer what exactly has been defined by direct manipulation. And second, changes and additional specifications can be added to get a larger set of editable formulae.

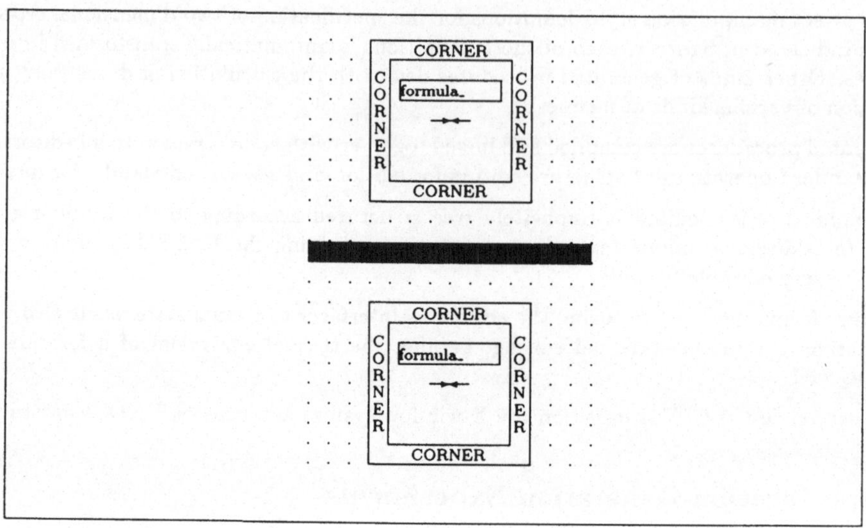

Figure 2: The specification of the layout of quotients with G^2F

This section deals with using attribute grammars as specification means. We will describe how G^2F direct manipulation style definitions have been mapped on attribute grammars to enhance the power of the system.

The reader also gets an impression of the specification languages of the compiler construction tools Ast [15] and Ag [14] used in the construction of the enhanced version of G^2F . The resulting attribution rules are modular and still relatively easy to understand. These two properties are very important when the extension of the generated definitions or their modification is concerned.

The generated attribute grammar consists of

- rules defining the abstract syntax of an application,

- attributes describing offset and dimension of an object in the editor, and

- computation rules for these attributes

The following example shows the grammar generated for a nonterminal *formula* consisting of three right hand sides *sum, product* and *quotient*:

```
formula = <
    sum      = son1:formula son2:formula .
    product  = son1:formula son2:formula .
    quotient = son1:formula son2:formula .
> .
```

The syntax exploits the analogy of nonterminals (*formula*) to types. It gives additional names (*son1, son2*) to nonterminals, which are analogous to variables in functions. The identifiers (*sum, product, quotient*) associated with each rule are the function names in this analogy. Hence, the structure of an abstract syntax tree can be described by nesting the functions the signature of which is implicitly defined in the example.

```
schema  <draw quotient at pos>
variables
  numpos, denompos                         : point
  offset, argBorderRight, numBorderBottom : number

instructions

  if horizontalSize(num) > horizontalSize(denom)
  then
      offset           := 0.5 * (horizontalSize(num) - horizontalSize(denom));
      numpos.x         := pos.x + 3;
      denompos.x       := numpos.x + offset;
      argBorderRight   := numpos.x + horizontalSize(num) - 1
  else
      offset           := 0.5 * (horizontalSize(denom) - horizontalSize(num));
      denompos.x       := pos.x + 3;
      numpos.x         := denompos.x + offset;
      argBorderRight   := denompos.x + horizontalSize(denom) - 1
  end ;

  fract.toe.x        := pos.x;
  fract.tip.x        := argBorderRight + 3;

  numpos.y           := pos.y;
  numBorderBottom    := numpos.y + verticalSize(num) - 1;
  denompos.y         := numBorderBottom + 6;
  fract.tip.y        := numBorderBottom + 3;
  fract.toe.y        := numBorderBottom + 3;

    <draw num at numpos> ;
    <draw denom at denompos> ;
    <draw fract> ;
end
```

Figure 3: The schema of generated procedures for drawing quotients

In terms of abstract syntax trees the example defines three alternatives for a node of type *formula*. Each of these alternatives has two children (*son1* and *son2*) which are again of type *formula*.

The generation of the computation rules for the attributes describing the editor layout is triggered by the direct manipulation style definition made: the defined lines, linebreaks, indentations and layout modes determine the computation of these attributes.

We only give a flavour of the attribution rules generated. The rules are the ones resulting from the definition of the layout of a quotient shown in figure 2. They define how the the attributes *offsetx*, *offsety*, *dimx* and *dimy* of a node of type *quotient* have to be computed:

```
son1:offx := offx + 2 + (max(son1:dimx,son2:dimx) - son1:dimx)/2;
son2:offx := offx + 2 + (max(son1:dimx,son2:dimx) - son2:dimx)/2;
son1:offy := offy;
son2:offy := son1:offy + son1:dimy + 5;
dimx := max(son1:dimx,son2:dimx) + 6;
dimy := son1:dimy + son2:dimy + 5;
```

The first two rules, e.g., realize the constraint that the arguments are centered against one another. The x-coordinate of the left-upper corner of the numerator (attribute *son1:offx*) depends on the offset of the overall formula (attribute *offx*) and the dimensions of the arguments. While the attributes containing the overall offset are inherited, the attributes providing the dimensions of the arguments are synthesized. This design decision reflects the limitation of the expressive power of G^2F direct manipulation style definitions.

The drawing of text and lines in the generated editor is not reflected in the attribution rules generated as it was first planned and suggested in [10]. For reasons of clarity a separate procedure is generated, instead, which computes the coordinates of lines and text squares in dependency of the current attribute values in the structure tree.

We only wanted to give an impression of the resulting attribute grammar. A complete and much more detailed description of the mapping and the overall work is in [1].

5 Conclusions and Perspectives

We have shown that two-dimensional representations of information play an important role in software engineering, and we have given a software-technological model for the construction of tools supporting two-dimensional editing. Possible means for the specification of two-dimensional representations have been surveyed, and a generator of two-dimensional editors, G^2F , that can be considered as a possible instance of the presented model has been decribed.

G^2F uses direct manipulation style definitions for the specification of two-dimensional representations. As indicated in figure 1, each of these definitions is automatically transformed into layout procedures.

One of the drawbacks of the original system G^2F was its limited power which results from the decision to rely on direct manipulation style definitions only. This limitation was overcome by adding an extra level to the generation process: the level of formal specification. Such an extra level serves two purposes: First, it becomes clearer what exactly has been defined by direct manipulation. And second, changes and additional specifications can be added to get a larger set of editable formulae.

Although quite appropriate, attribute grammar specifications still are too low level: many design decisions have to be made concerning the attribute dependencies and the structure of the grammar.

```
        object quotient
        parts
            num    : formula
            fract  : vector
            denom  : formula
        relations
                    horizontalCenter(num)      =    horizontalCenter(denom)
            &       fract.toe.y                =    verticalMaximum(num) + 3
            &       fract.tip.y                =    verticalMaximum(num) + 3
            &       verticalMinimum(denom)     =    verticalMaximum(num) + 6
            &       fract.toe.x                =    horizontalMinimum(
                                                        combination
                                                            num denom
                                                        end
                                                    ) - 3
            &       fract.tip.x                =    horizontalMaximum(
                                                        combination
                                                            num denom
                                                        end
                                                    ) + 3
        end
```

Figure 4: Logical specification of the layout of quotients

From a software-technological view point this makes specifications sometimes hard to understand and reusability is severely limited.

Thus, an important goal for future work is to raise the level of specification for layout requirements.

We plan to use logical constraints for this purpose. With logical constraints, the requirements for the layout of a quotient could be specified in the way shown in figure 4.

This example gives an impression of first ideas for a specification language based on predicate logic. The definition of such a language together with its predicate logic foundation will be carried out in the German BMFT project VISAMAD (Visualisierung, Animation und direkte Manipulation graphstrukturierter Daten), which brings together researchers from the east and west parts of the reunified Germany.

References

[1] M. Besser. Die Kombination von Metawerkzeugen zur Erzeugung strukturorientierter Editoren für Text und Graphik, December 1990.

[2] K.-F. Böhringer and F.J. Newbery Paulisch. Using constraints to achieve stability in automatic graph layout algorithms. In *Proceedings of CHI*, pages 43–51. Association for Computing Machinery, April 1990.

[3] A. Borning. Thinglab - a constraint-oriented simulation laboratory. Technical Report SSL-79-3, Xerox Parc, July 1979.

[4] A. Borning. The programming language aspects of Thinglab, a constraint-oriented simulation laboratory. *ACM Transactions on Programming Languages and Systems*, 3:353–387, 1981.

[5] E.J. Cameron, B. Gopinath, P. Metzger, and T. Reingold. Infoprobe - a utility for the animation of ic* programs. In *Proceedings of the Twenty-Second Annual Hawaii International Conference on System Sciences*. January 1989.

[6] T. F. Collura, E. C. Jacobs, R. C. Burgess, and G. H. Clemm. User-interface design for a clinial neurophysiological intensive monitoring system. In *Human Factors in Computing Systems, CHI 1989 Proceedings*, pages 363–368, May 1989.

[7] P. Franchi-Zannettacci. Attribute specifications for graphical interface generation. In *Eleventh World Computer IFIP Congress*, pages 149–155, August 1989.

[8] R. Gabriel. The automatic generation of graphical user-interfaces. In *System design: concepts, methods and tools*, pages 330–339. IEEE Computer Society Press, April 1988.

[9] R. Gabriel. A formalism for the definition of graphical formulas. In *ACM SIGSMALL symposium on personal computers*, pages 28–36. Association for Computing Machinery, May 1988.

[10] R. Gabriel. Structured definition of graphical layouts. In *20. GI-Jahrestagung*, pages 362–370. Informatik-Fachberichte 222, Springer Verlag, October 1989.

[11] R. Gabriel and R. Bock. *G^2F User Manual, Version 1.0*. Gesellschaft für Mathematik und Datenverarbeitung, March 1990.

[12] R. Gabriel and S. Jähnichen. ToolUse: a uniform approach to formal program development. *Technique et Science Informatiques*, 9(2):166–174, 1990.

[13] H. Göttler. *Graphgrammatiken in der Softwaretechnik*. Informatik-Fachberichte 291. Springer Verlag. 1987.

[14] J. Grosch. AG - an attribute evaluator generator. Technical report, Gesellschaft für Mathematik und Datenverarbeitung, 1989.

[15] J. Grosch. AST - a generator for abstract syntax trees. Technical report, Gesellschaft für Mathematik und Datenverarbeitung, 1989.

[16] G.S. Hura, M.A. Costarella, C.G. Buell, and M.M. Cvetanovic. PNSOFT: A menu-driven software package for petri-net modelling and analysis. In *IEEE 1988 International Conference on Computer Languages*, pages 41–47, 1988.

[17] S. Isoda, T. Shimomura, and Y. Ono. VIPS: A visual debugger. *IEEE Software*, 8(3):8–19, March 1987.

[18] C. Jones. *Systematic Software Development Using VDM*. Prentice Hall, 1986.

[19] C. Kilpatrick, K. Schwan, and D. Ogle. Using languages for capture, analysis and display of performance information for parallel and distributed applications. In *IEEE 1990 International Conference on Computer Languages*, pages 180–189, March 1990.

[20] D. E. Knuth. Semantics of context-free languages. *Mathematical Systems Theory*, 2:127–145, 1968.

[21] Mark Moriconi and Dwight F. Hare. Pegasys: A system for graphical explanation of program designs. In *ACM SIGPLAN 85 Symposium on Language Issues in Programming Environments*, pages 148–160, July 1985.

[22] B. Müller and G.-R. Friedrich. Using petri nets in a test environment for fms control software. In *Proceedings of the VIIth Annual Bilateral Workshop on Information in Manufacturing Automation (GDR-Italy)*, 1989.

[23] B. A. Myers. Incense: a system for displaying data structures. *Computer Graphics*, 17(3):115–125, July 1983.

[24] B.A. Myers. Creating user interfaces by demonstration. Technical Report CSRI-196, Computer Systems Research Institute Toronto, May 1987.

[25] G. Nelson. Juno, a constraint-based graphics system. In *SIGGRAPH Computer Graphics*, pages 235–243. Association for Computing Machinery, 1985.

[26] S. P. Reiss and J. N. Pato. Displaying programs and data structures. In *Proceedings of the Twentieth Annual Hawaii International Conference on System Sciences*, pages 391–401, January 1987.

[27] T. W. Reps and T. Teitelbaum. *The Synthesizer Generator*. Springer Verlag, 1989.

[28] B. Shneiderman. Direct manipulation: A step beyond programming languages. *Computer*, 16(8):57–69, August 1983.

[29] M. Sintzoff, Ph. de Groote, M. Weber, and Jacques Cazin. Definition 1.1 of the generic development language DEVA. Technical report, Université Catholique de Louvain, Belgium, December 1989.

[30] M. Weber. *A Meta-Calculus for Formal System Development*. PhD thesis, University of Karlsruhe, 1990.

[31] J.P. Woodcock. Using Z. Technical report, Programming Research Group, Oxford University Computing Laboratory, 1988.

Motifation und Objection:
Werkzeuge zur interaktiven Erzeugung von graphischen Benutzungsoberflächen

Peer Griebel

Manfred Pöpping

Gerd Szwillus

Universität - Gesamthochschule Paderborn
Fachbereich Mathematik/Informatik
Postfach 1621
D-4790 Paderborn
F R Germany
{griebel, poepping, szwillus}@uni-paderborn.de

Zusammenfassung

MOTIFATION ist ein Programm zum interaktiven Entwurf von graphischen Benutzerschnittstellen, basierend auf dem X Window System und dem OSF/Motif Widget Set. Es hilft dabei, viele der Probleme zu überwinden, die beim Benutzen dieses sehr leistungsfähigen Graphikpaketes auftauchen. MOTIFATION wird inzwischen in beträchtlichem Umfang im industriellen und universitären Umfeld eingesetzt. OBJECTION stellt eine Erweiterung von MOTIFATION dar, die dazu dient, auch die dynamische anwendungsspezifische Graphik abzudecken. OBJECTION ist noch in der konzeptionellen Phase.

1 Einführung

Mit zunehmender Verbreitung von graphischen Benutzeroberflächen wächst das Bedürfnis, leistungsfähige Hilfsmittel einsetzen zu können, die das Erstellen von Programmen unter diesen Benutzeroberflächen erleichtern. Ursache für dieses Bedürfnis sind eine Reihe von Problemen, die im folgenden aufgeführt werden sollen.

- Der Programmierer muß sich in eine Vielzahl verfügbarer graphischer Objekte einarbeiten. Er muß lernen, welche Aufgaben sie erfüllen, welches Verhalten sie haben und wie sie aussehen.

- Aufgabe, Verhalten und Aussehen sind keine statischen Merkmale, sondern können durch eine Vielzahl von Parametern variiert werden.

- Bei der Erzeugung graphischer Elemente und der Einstellung dazugehöriger Attribute müssen zahlreiche Reihenfolgebedingungen berücksichtigt werden. Es können auch Abhängigkeiten existieren, so daß Objekte bzw. Attribute sich gegenseitig beeinflussen.

- Der notwendige C-Quellcode wird schon für einfache Benutzerschnittstellen sehr umfangreich, und der Programmierer verliert leicht die Übersicht.

- Der Programmierer gewinnt kein Gefühl für das Aussehen der Schnittstelle, da er gezwungen ist, eine „graphische Realität" textuell zu beschreiben. Er muß sich durch „Versuch und Irrtum" an das gewünschte Aussehen herantasten.

- Generell - nicht nur bei Verwendung von Toolkits - besteht die Gefahr einer zu engen Mischung von Programmcode für Applikation und Benutzerschnittstelle. Daraus resultieren eine unklare Programmschnittstelle zwischen diesen Komponenten und eine verringerte Portierbarkeit auf andere Rechnerplattformen. Eine klare Schnittstelle ist auch Voraussetzung für gute Wartbarkeit bzw. Adaptierbarkeit. Änderungen an der Oberfläche sollten ohne größere Änderungen an der Applikation durchgeführt werden können (und umgekehrt).

MOTIFATION wurde entwickelt, um dem Programmierer die Möglichkeit zu geben, OSF/Motif unter weitgehender Vermeidung der oben angegebenen Probleme einzusetzen. Im folgenden beschreiben wir zunächst das implementierte Werkzeug MOTIFATION. Anschließend betrachten wir eine (ebenfalls implementierte) Erweiterung in Richtung auf mehr Dynamik in der Benutzungsoberfläche. Zum Schluß diskutieren wir das (konzipierte) Werkzeug OBJECTION, das sich mit der Unterstützung anwendungsspezifischer Graphik befaßt.

2 Allgemeine Eigenschaften von MOTIFATION

Innerhalb graphischer Benutzerschnittstellen unterscheiden wir zwischen statischen und dynamischen Anteilen.

- Die dynamischen Anteile umfassen die anwendungsspezifischen graphischen Darstellungen eines Programmes. Eigenschaften wie Anzahl, Position, Aufbau und innere Struktur der Darstellungen sind hochgradig abhängig von Daten der Anwendung und dementsprechend auch veränderlich. Beispiele für dynamische Anteile wären etwa Werkstückzeichnungen (CAD-Programm) oder Projektnetzpläne (Projektplanungswerkzeug).

- Die statischen Anteile dagegen sind von den Daten der Applikation weitgehend unabhängig. Sie dienen meist zur Steuerung des Programms und zur Kommunikation zwischen Benutzer und Applikation. Der Zeitpunkt des Auftretens dieser Dialoganteile ist meist abhängig von Bedingungen in der Benutzerschnittstelle oder der Applikation, aber das Aussehen ist festgelegt. Statische Anteile wären etwa die Menüs oder Dateiauswahl-Fenster von interaktiven Systemen.

Die Abgrenzung dieser beiden Anteile einer Benutzerschnittstelle kann nicht präzise sein, der Übergang ist fließend. MOTIFATION konzentriert sich auf die interaktive graphische Spezifikation der statischen Anteile einer Benutzerschnittstelle, die Behandlung der dynamischen Anteile ist zur Zeit in der Entwicklung (siehe Kapitel 4, Werkzeug OBJECTION).

MOTIFATION bietet dem Benutzer eine Arbeitsweise wie bei objektorientierten Zeichenprogrammen an. MOTIFATION arbeitet dabei nach dem WYSIWYG-Prinzip: der Entwickler hat bereits während des Entwurfs einen unmittelbaren Eindruck des optischen Erscheinungsbildes der graphischen Oberfläche. MOTIFATION unterstützt die graphischen Objekte (*Widgets*) von OSF/Motif. Motif ist ein Graphikpaket basierend auf MIT's X Window System und X Toolkit.

2.1 Dialogelemente von MOTIFATION

MOTIFATION wird über drei Dialogfenster bedient. Beim Programmstart werden als erstes die beiden Fenster *Browser* und *Creator* sichtbar.

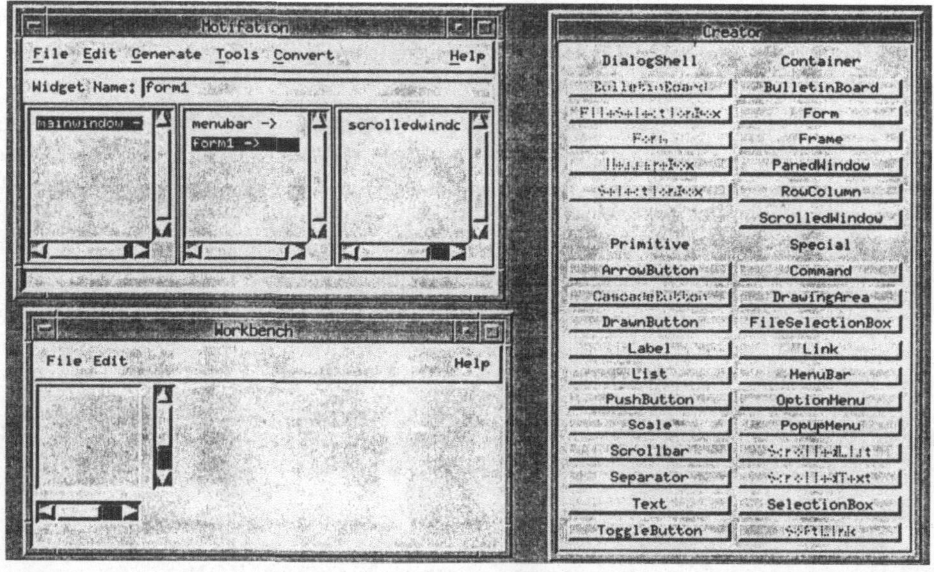

Abbildung 1: Creator, Browser, Workbench

- Der *Creator* dient dazu, ein neues *Widget* in die bislang erstellte Hierarchie einzufügen. Jedes *Widget* hat einen eindeutigen Namen. Beim Erzeugen über den *Creator* wird von MOTIFATION automatisch ein eindeutiger Name generiert, der jedoch nachträglich verändert werden kann. Dieser Name wird benutzt, wenn aus dem Applikationscode heraus auf dieses *Widget* zugegriffen werden soll.

- Mit dem *Browser*, ähnlich dem Smalltalk-*Browser*, kann man die Hierarchie durchwandern, inspizieren und Teile davon selektieren.

- Die graphische Repräsentation der Hierarchie wird ständig in der sogenannten *Workbench* (Arbeitsfläche) angezeigt.

Das Ergebnis der Arbeit mit MOTIFATION besteht aus C-Quellcode-Dateien. Hierbei wird von MOTIFATION die Trennung in zwei Arten von Dateien erzwungen.

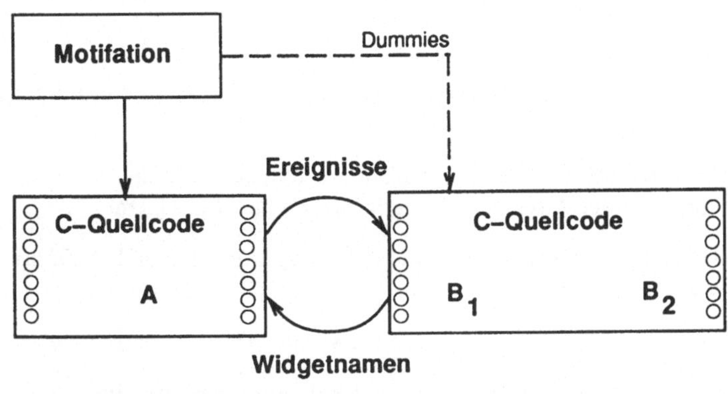

Abbildung 2: Zweiteilung des C-Quellcodes

- Der Teil A enthält alle Komponenten der statischen graphischen Benutzungsoberfläche. Dieser Teil wird vollständig durch MOTIFATION generiert und verwaltet. Änderungen dieses Bereiches werden nur mit Hilfe von MOTIFATION vorgenommen.

- Teil B liegt in der Verantwortung des Anwendungsprogrammierers. MOTIFATION generiert lediglich die *Dummy*-Funktionen, sofern sie noch nicht existieren. Eine weiter Unterteilung der Anwendungsroutinen, wie in der obigen Abbildung zu sehen, wird zwar empfohlen, nicht aber erzwungen. In Teil B_2 befinden sich die benutzungsoberflächenunabhängigen Routinen der Anwendung und der Teil B_1 besteht aus den Routinen, die genaue Kenntnis über die Oberfläche haben.

Die Kommunikation zwischen der Applikation und der graphischen Benutzeroberfläche findet über die vom Entwickler vergebenen Objektnamen und entsprechenden, vordefinierten Zugriffsfunktionen statt. Die Benutzeroberfläche kommuniziert mit der Applikation über sogenannte *Callbacks*. Es handelt sich dabei um einen X Toolkit Mechanismus zur Definition der Reaktionen auf Ereignisse.
Der große Vorteil der Aufteilung aus obiger Abbildung besteht in der Wiederverwendbarkeit der Applikationsroutinen (Teile A und B). Eine nachträgliche Veränderung der graphischen Benutzeroberfläche (z.B.: Hinzufügen eines Menüeintrages zu einem *PopupMenu*) kann vollkommen separat durchgeführt werden. Da MOTIFATION über die Applikationsroutinen aus Teil A informiert ist, werden diese bei einer Codegenerierung nicht überschrieben.

Zusätzlich zu den generierten C-Quellcode-Dateien kann sich der Entwickler eine strukturierte Beschreibung der graphischen Benutzungsoberfläche unter verschiedenen Gesichtspunkten in Textform erzeugen lassen. Er erhält dadurch eine Dokumentation über die Verbindung zwischen der Oberfläche und den Anwenderroutinen. Auch können die verwendeten maschinenabhängigen Ressourcen wie Farben, Zeichensätze oder *Bitmaps* aufgezählt werden.

Der folgende Überblick von Eigenschaften soll einen ersten Eindruck von der Leistungsfähigkeit von MOTIFATION ermöglichen:

- Interaktives Plazieren aller von OSF/Motif angebotenen graphischen Objekte

- Ausrichtungsfunktionen

- Zwischenablage, mit der Möglichkeit, Bibliotheken anzulegen, in denen häufig benutzte Dialogelemente abgelegt werden

- strukturierte Attributboxen zum Einstellen der objektspezifischen Attribute wie Farbe oder Font, bei unmittelbarer Anzeige der Auswirkungen am Bildschirm

- OSF/Motif-spezifische Mechanismen wie *Tabgroup*-Recorder und Auflösungsunabhängigkeit (*Resolution Independence*)

- Spezifikation graphischer Zwänge (*Constraints*), die Objekte untereinander ausüben.

- Erzeugung einer textuellen Dokumentation der Benutzerschnittstelle unter verschiedenen Sichten

- nachträgliche Modifizierbarkeit der Benutzungsschnittstelle des spezifizierten Systems

- Simulationsmodus zum Test der Oberfläche, ohne die Notwendigkeit zu übersetzen

- automatische Erzeugung aller notwendigen C-Code-Dateien sowie eines Makefiles aus der interaktiven Spezifikation

MOTIFATIONs Benutzungsschnittstelle wurde im Boot-Strapping-Verfahren erstellt. Das heißt, zur Entwicklung einer neuen Benutzerschnittstelle wurde jeweils eine ältere Version von MOTIFATION verwendet. Dadurch konnte MOTIFATIONs Leistungsfähigkeit bereits während der Entwicklung intensiv getestet werden.

2.2 Vergleich zu anderen Systemen

Ein Programmsystem, das MOTIFATION ähnlich ist, ist das UIMS TeleUSE von TeleSoft [Marmolin 91], [TeleUSE 89]. Im Vergleich zu TeleUSE erscheint uns die Bedienung von MOTIFATION einfacher und intuitiver. TeleUSEs Editor (VIP), der für das Zusammenstellen der graphischen Benutzungsschnittstelle zuständig ist, benutzt den Umweg über sogenannte Templates. Der Entwickler muß sich deshalb nach dem Ändern von Attributen erst eine Repräsentation des Templates erzeugen lassen, bevor er das wirkliche Aussehen vor Augen hat.
Im Gegensatz zu MOTIFATION besitzt TeleUSE als UIMS eine explizite Dialogkontrollkomponente. Sie wird in einer auf C basierenden Sprache D spezifiziert. Neben der Tatsache, daß der Entwickler eine weitere Sprache erlernen muß, ist die Beschreibung selbst einfacher Dialoge aufwendig.

Mit TAE Plus [Szczur 91] wird von der NASA ein System zur Erzeugung graphischer Oberflächen angeboten, das unter anderem auch einige wenige OSF/Motif Widgets verwendet. Im Gegensatz zu anderen Interface Buildern bietet TAE Plus sogenannte Data Driven Objects (DDO) an, mit denen die Erstellung von dynamisch abhängigen Objekten, wie beispielsweise einer Tachometernadel, die sich um ihren Mittelpunkt dreht, erleichtert werden soll. Der Umgang mit TAE Plus erscheint jedoch wenig komfortabel und da sich TAE Plus nicht nur auf dem standardisierten XToolkit abstützt, ist an einigen Stellen leider die manuelle Erweiterung der Ereignisverarbeitungsschleife von Nöten. Dadurch werden die Anteile der graphischen Oberfläche mit dem Applikationscode sehr stark vermischt, wodurch die nachträgliche interaktive Bearbeitung der Benutzungsoberfläche fraglich erscheint.

Der GINA Interface Builder [Berlage 91] erlaubt wie MOTIFATION die interaktive Komposition von Benutzungsschnittstellen aus *Widgets* des OSF/Motif *Widget Set*. Das Werkzeug unterstützt nicht wie MOTIFATION die Definition aller durch Motif angebotenenen Attribute eines *Widgets*, sondern konzentriert sich auf die am häufigsten verwendeten Attribute. Andererseits sind einige Details möglicherweise eleganter gelöst - wie zum Beispiel die *Drag-and-Drop*-Philosophie zum Plazieren von Objekten. Wichtigster Unterschied ist das Linealmodell, welches intern auf das Motif-*Form-Widget* abgebildet wird. Hierbei wir der Entwickler zusätzlich unterstützt, indem GINA versucht, die Positionierungsabsichten zu erraten.

MOTIFATION bietet eine "direktere" – und damit technischere – Präsentation dieses Widget-Typs. Der Interface Builder ist eingebunden in die Generische Interaktive Applikation GINA [Spenker und Beilken 90], die man – ebenso wie MacApp [Schmucker 86] – als Werkzeug vom "Framework"-Typ betrachten kann. Der Entwickler ergänzt "nur" eine vorgegebene, "leere" Applikation durch die individuelle Semantik seiner Anwendung. Dieser Ansatz leistet für den Entwickler neben dem Anbieten von Funktionalität (wie ein Toolkit dies auch leistet) auch die Vordefinition von schnittstelleninternen Daten- und Kontrollstrukturen. Problematisch bei diesem Ansatz ist meist die "breite" Schnittstelle zur individuellen Applikation.

VisualBasic ist ein kommerzielles Produkt der Firma Microsoft für die graphische Oberfläche MS-Windows aufbauend auf einer objektorientierten Weiterentwicklung der Programmiersprache BASIC. Der Designvorgang verläuft wie bei MOTIFATION: Objekte werden plaziert und Attribute werden eingestellt. Wie bei MOTIFATION wählt man einen Ereignistyp, um die Reaktionen darauf anzugeben. Bei der eigentlichen Art zu programmieren, zeigt sich der große Unterschied. Der auszuführende Code wird direkt in der Entwicklungsumgebung von VisualBasic editiert. Es ist jeweils nur der kleine Ausschnitt Code sichtbar, der für das aktuelle Ereignis zuständig ist. Der Code wird also aufgeteilt in viele kleine übersichtliche Sektionen.

Der fertige Code kann direkt aus VisualBasic heraus ausgeführt und getestet werden. Hierzu wird interpretiert und es kann in einem speziellen Fenster getestet werden. Der abschließende fehlerfreie Code kann dann durch ein Compiler in ein direkt ausführbares Format übersetzt werden.

VisualBasic besticht durch seine Benutzerfreundlichkeit. Die Online-Hilfe ist eine große Unterstützung. Aufgrund der leicht zu erlernenden Sprache VisualBasic und die integrierte Entwicklungsumgebung, ist es sehr schnell möglich, erste Applikationen zu entwickeln. Positiv aufgefallen ist auch die einfache Art und Weise, *drag-and-drop*-Funktionalität in eigene Applikationen zu integrieren. Allerdings hat der Programmierer nicht immer die gewünschte Nähe zum System hat. Als Ausweg bleibt eine Erweiterung der VisualBasic-Routinen durch externe C-Routinen.

2.3 Beispiel einer Benutzung von MOTIFATION

Anhand eines kleinen Beispiels soll die Arbeit mit MOTIFATION verdeutlicht werden. Hierzu soll ein kleines Zeichenprogramm dienen, mit dem man Linien, Kreise und Rechtecke interaktiv zeichnen können soll. Das Aussehen dieser Beispielapplikation ist auf der Titelseite abgebildet.

Die Arbeit wird begonnen, indem über den Menüpunkt **New** eine leere Workbench erzeugt wird. Hiermit ist der Grundstein gelegt; es steht ein leeres Hauptfenster für den weiteren Entwicklungsvorgang zur Verfügung. Mit Hilfe des *Creators* wird nun die Menüzeile inklusive der *Buttons* des Zeichenprogramms auf dem Hauptfenster erzeugt. Hierzu werden die Schritte *MenuBar* erzeugen, *MenuBar* anwählen, drei *CascadeButtons* erzeugen, durchgeführt. Die Beschriftung der *Cascade-Buttons* wird mit Hilfe einer der zahlreichen Attributboxen geändert. Als Resultat erhält man eine Menüzeile mit den Elementen **File**, **Edit** und **Help**.

Unter dem `File`-Menü soll der Punkt `Open...` erscheinen, bei dem eine *FileSelectionBox* geöffnet wird, sobald der Benutzer diesen *Button* drückt. Dieses Ziel wird erreicht durch Erzeugen eines *PushButtons* auf dem `File`-Menü. Dieser neue *Button* wird angewählt, die Beschriftung wird geändert und eine *FileSelectionBox* wird erzeugt. Somit steht schon die Funktionalität des `Open`-Befehls zur Verfügung, ohne eine Zeile Code getippt zu haben.

Wenden wir uns nun dem eigentlichen Zeichenwerkzeug zu. Die Zeichenfläche wird auf einem zuvor auf dem Hauptfenster erzeugten *Form*-Widget kreiert. Die Zeichenfläche besteht aus einem *ScrolledWindow*, welches eine *DrawingArea* verwaltet. Der aktuelle Zustand ist in Abbildung 1 zu sehen. Parallel zum *ScrolledWindow* wird ein *RowColumn*-Widget erzeugt, das die Graphik, Trennlinien, die drei *ToggleButtons* `Line`, `Rectangle`, `Circle` sowie den *Pushbutton* `Clear` aufnehmen wird. Diese Objekte werden ebenfalls nacheinander durch den *Creator* erzeugt und nachfolgend die notwendigen Änderungen der Attribute durchgeführt.

Eine wichtige Einstellung muß nun noch an den Söhnen des *Form*-Widgets vorgenommen werden. Das *Form*-Widget sorgt bei Veränderungen der Größe des Hauptfensters dafür, daß die Zeichenfläche stets eine optimale Größe beibehält. Über die *FormConstraints*-Attributbox heftet man das *RowColumn*-Widget oben, rechts und unten an das *Form*-Widget. Das *ScrolledWindow* wird oben, links und unten ebenfalls an das *Form*-Widget geheftet. Die rechte Seite wird jedoch an das *RowColumn*-Widget gebunden. Somit behält das *RowColumn*-Widget seine Größe bei, das *ScrolledWindow* nimmt jeweils den verbleibenden Raum ein.

Zum Schluß müssen die Anwendungsroutinen angebunden werden. Die Applikation hat auf zwei Ereignisse zu reagieren, das Aktivieren des `Clear`-Buttons, sowie das Zeichnen auf der Zeichenfläche. Mit Hilfe der *Callback*-Attributbox werden diese Verbindungen hergestellt. Zeichnet der Benutzer später auf der *DrawingArea*, so wird entsprechend des eingestellten Zeichenverfahrens durch Xlib-Funktionen eine Linie, ein Kreis oder ein Rechteck dargestellt.

Der Entwurfsvorgang ist nun abgeschlossen und der C-Source-Code kann erzeugt werden. Es werden hierdurch alle notwendigen Funktionen inklusive der Dummies erzeugt. Diese Dummies müssen noch mit der eigentlichen Funktionalität versehen werden. Insgesamt besteht dieses Beispiel aus 750 Zeilen Code. Hiervon sind 20 Zeilen von Hand zu schreiben, um diese sehr einfache Funktionsweise zu erhalten. Bei zügiger Arbeitsweise dauert der oben beschriebene Erzeugungsvorgang rund fünfzehn Minuten.

3   Die Dynamik der statischen Benutzungsoberfläche

In den vorherigen Abschnitten wurde beschrieben, wie mit MOTIFATION die statische graphische Benutzungsoberfläche aufgebaut wird. Dabei handelt es sich um die Oberflächenelemente, die bei jedem Starten der Applikation im wesentlichen gleich bleiben, also beispielsweise Menüeinträge und Elemente auf Dialogboxen. Bei ihnen ändert sich in der Regel lediglich der Status, ob sie anwählbar, also sensitiv, sind oder nicht.

Die Visualisierung des Programmzustandes, d.h. insbesondere eine klare Darstellung, welche graphischen Objekte in einem bestimmten Zustand eines Programmes zugänglich sind oder nicht, wird häufig einfach nicht implementiert.

In diesem Abschnitt soll das Werkzeug *Sensor* (Sensitive-Organizer), ein Teil von MOTIFATION, vorgestellt werden, mit dem es möglich ist, diese Dynamik der statischen Benutzungsoberfläche interaktiv zu spezifizieren und zu simulieren. Als Ergebnis der Spezifikation wird anschließend der C-Quellcode generiert, der genau dieselbe Dynamik auch während des Programmlaufes garantiert.

Das aktuelle Aussehen der Benutzungsoberfläche hängt vom aktuellen Zustand der Applikation ab. Dieser Zustand wird insbesondere durch semantische Veränderungen während des Programmlaufes bestimmt. Natürlich ist es mit Zustands-Übergangsnetzwerken [Green 86] möglich, bei jedem

Transitionswechsel eine genau bekannte Menge von Objekten auf die dann gültige Sensitivität zu setzen. Der Vorteil dieses Verfahrens liegt in einer sehr effizienten Aktualisierung der Oberfläche, da die durch einen Zustandswechsel nicht betroffenen Objekte nicht aktualisiert werden müssen. Das Hauptproblem besteht jedoch in der Vielzahl der möglichen Zustände und damit auch im Umfang der Spezifikationen. Aus diesem Grund verwendet Sensor sogenannte *Facts*. Das sind boolesche Teilaussagen über den Zustand des Programmes, wobei die Gesamtheit aller *Facts* den eindeutigen Gesamtzustand darstellt. Für jedes Oberflächenelement wird nun eine boolesche Formel angegeben, in der *Facts* als boolesche Variablen auftreten. Wenn die Formel erfüllt ist, wird das Oberflächenelement sensitiv. Der Vorteil des Aufteilens in *Facts* besteht darin, daß redundante *Facts* für den Status eines Objektes vernachlässigt werden können. Bei jedem Zustandswechsel wird dann immer wieder dieselbe Funktion aufgerufen, in der die Sensitivität jedes Objekts neu ermittelt wird. Der Nachteil, daß bei jedem Zustandswechsel jedes Objekt neu überprüft werden muß, kann als vernachlässigbar angesehen werden, sofern die Funktionen zu Ermittlung eines *Fact*-Zustands nicht zu aufwendig gestaltet werden.

Die Problematik soll anhand eines möglichen *Clipboard*-Menüs (Edit) zu dem kleinen Zeichenprogramm aus dem letzen Abschnitt erläutert werden. Das Menü besteht aus fünf Elementen: `Cut`, `Copy`, `Paste`, `Clipboard-Load` und `Clipboard-Save`. Ferner wird davon ausgegangen, daß ein oder mehrere graphische Objekte selektierbar und ins *Clipboard* übertragbar sind und daß *Clipboard* nur dann eingefügt werden darf, wenn genau ein Objekt selektiert ist.

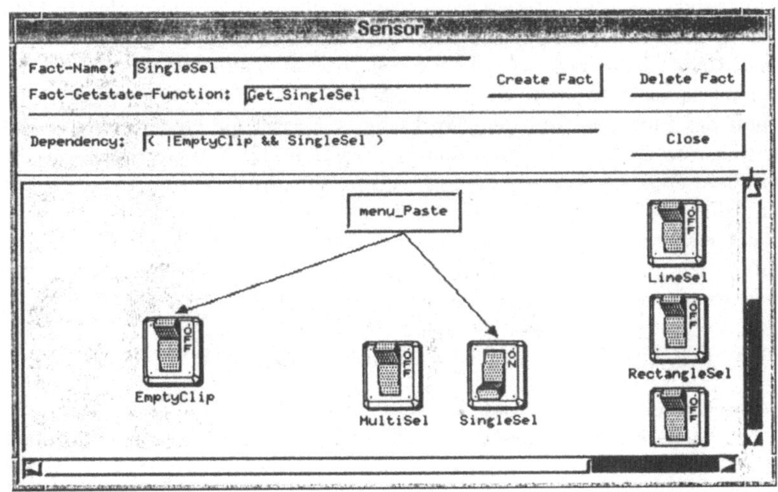

Abbildung 3: Sensor

Folgende *Facts* könnten dann unter anderem definiert werden:

- `SingleSel` - Genau ein graphisches Objekte ist selektiert.

- `MultiSel` - Mehrere graphische Objekte sind selektiert.

- `EmptyClip` - Das Clipboard ist leer.

Facts werden, wie in obiger Abbildung zu sehen, durch einen Schalter repräsentiert. Ein *Fact* besitzt einen eindeutigen Namen und benötigt eine sogenannte `Getstate`-Funktion. Bei dieser `Getstate`-Funktion handelt es sich um eine C-Funktion mit booleschen Rückgabewert, die die durch den *Fact* repräsentierte Information ermittelt. Sie gehört also zu den Anwendungsroutinen und muß vom Anwendungsprogrammierer realisiert werden. Ähnlich wie bei allen anderen in MOTIFATION spezifizierten Anwendungsroutinen kann sie als Dummy generiert werden.

In der 3. Textzeile der obigen Abbildung wird zu dem aktuell selektierten *Widget* (`menu_Paste`) die Abbhängigkeit (*Dependency*) in Form einer booleschen Funktion eingetragen. Die Angabe erfolgt in C-üblicher Schreibweise unter Verwendung boolescher Operatoren und entsprechender Klammerung. Die Abhängigkeiten zu den entsprechenden *Facts*, also den booleschen Variablen der Funktion, wird unmittelbar graphisch angezeigt. Über die Funktion wird spezifiziert, bei welcher Variablenbelegung der *Facts* das *Widget* sensitiv sein soll. Wird für ein *Widget* keine Abhängigkeit eingetragen, so ist es immer sensitiv.

Im folgenden sind die Abhängigkeiten der Buttons aufgeführt:

- `Cut:` `(SingleSel || MultiSel)`

- `Copy:` `(SingleSel || MultiSel)`

- `Paste:` `(!EmptyClip && SingleSel)` (siehe Abbildung)

- `ClipLoad:` keine

- `ClipSave:` `(!EmptyClip)`

Um die Abhängigkeiten, die mit dem Sensor eingestellt wurden, überprüfen zu können, wechselt der Entwickler in den Simulations-Modus von MOTIFATION. Ein Umstellen eines *Fact*-Schalters bewirkt nun eine sofortige Neuberechnung der Sensitivität aller Widgets der graphischen Oberfläche. Diese Simulation erlaubt es, schnell Fehler zu finden.

Das Ergebnis des Entwurfes mit dem Werkzeug Sensor ist die Generierung einer C-Quellcode-Datei, in der sich eine Überprüfungsfunktion befindet, die die Neuberechnung zur Laufzeit übernimmt. Wann diese Funktion aufgerufen wird, kann nicht mit Hilfe von Sensor angegeben werden. Es ist zwar möglich, die Überprüfung als *Callback*-Funktion an ein beliebiges *Widget* der statischen Oberfläche einzutragen. Da Abläufe in den Anwendungsroutinen aber ebenso eine Sensitivitätsüberprüfung zur Folge haben können, ist ein zusätzlicher Aufruf innerhalb der Anwendungsroutinen angebracht.

Folgende Erweiterungen an Sensor werden im Moment überdacht:

- Die beiden Zustände „sensitiv" und „insensitiv" (in OSF/Motif in der Regel durch graue Schrift dargestellt) könnten um den Zustand „unmanaged" (nicht sichtbar) erweitert werden.

- Ein Sensitiv-Statuswechsel kann als neuer *Callback*-Typ aufgefaßt werden. Wenn bei einem Text-*Widget* beispielsweise der Sensitiv-Zustand geändert wird, kann ein Löschen bzw. Restaurieren des Textinhaltes wünschenswert sein. Dazu könnte der Interface Designer zu einem *Widget* zusätzlich eine C-Funktion spezifizieren, die immer genau dann aktiviert wird, wenn sich der Sensitiv-Zustand eines Widgets ändert.

- Im Moment ist es möglich, jede *Fact*-Kombination zu simulieren, d.h. auch solche, die während des Programmlaufes nicht auftreten können. `SingleSel` und `MultiSel` werden beispielsweise niemals gleichzeitig gelten, können jedoch so simuliert werden. Um solche ungewünschten Kombinationen verbieten zu können, bedarf es einer Spezifikation ähnlich der, die für den Sensitiv-Status eines *Widgets* als *Dependency* angegeben wurde. Zusätzlich müßte dann natürlich noch angegeben werden, wie im Falle einer illegalen *Fact*-Kombination die Reaktion aussehen soll. Eine solche Erweiterung würde mit der Forderung einer einfachen Spezifikation in Konflikt geraten.

Mit dem Werkzeug Sensor ist es möglich, auf sehr einfache, aber trotzdem leistungsfähige Art und Weise, die Dynamik der statischen Oberfläche zu spezifizieren und zu simulieren. Die Verwendung von Sensor führt auch zu einer Zentralisierung der Überprüfung dieses Dynamikanteils und dadurch zu einer klareren Strukturierung. Durch die Integration des Werkzeuges Sensor in ein MOTIFATION wird die Spezifikation der Dynamik der statischen Oberfläche sehr früh möglich.

4 Einsatz anwendungsspezifischer graphischer dynamischer Objekte

4.1 Das Problem

Die bisher beschriebenen Eigenschaften und Leistungen von MOTIFATION befassen sich ausschließlich mit den statischen Elementen von graphischen Benutzungsschnittstellen. Diese ermöglichen vor allem eine komfortable Bedienung der Applikation und haben zum Teil auch dynamisch veränderliche Zustände (siehe vorangegangenes Kapitel), sind aber im wesentlichen unveränderlich in Anzahl, Form, Position, Verhalten usw. So wichtig es ist, diese Anteile einer Benutzungsschnittstelle komfortabel entwickeln zu können, so wenig ist damit die ganze Entwicklungsarbeit an einer Benutzungsschnittstelle getan, die dem Benutzer komfortable Interaktionstechniken der direkten Manipulation auf den Problemdaten der Anwendung bieten will. Die anwendungsspezifischen graphischen Darstellungen sind im Gegensatz zu den statischen Bedienelementen hochgradig veränderlich. Dies zeigt sich an einer kurzen Aufzählung typischer Benutzeroperationen an dynamischen Bildelementen, die in Anwendungen angeboten werden:

- Persistente Selektion

- kurzfristiges Auswählen (*picking*)

- Kopieren, Duplizieren, Löschen

- Transformieren (zum Beispiel Vergrößern, Verkleinern, Dehnen, Stauchen, Rotieren)

- Laden und Speichern von Bildelementstrukturen oder Teilen davon.

Trotz dieser mannigfaltigen Manipulierbarkeit haben die dynamischen Bildelemente zusätzlich *Verhalten*, das ähnlich dem statischer Bedienelemente ist (etwa das Aufrufen einer Semantikaktion bei Anklicken oder Berührung durch den Mauszeiger). Im Gegensatz zur komfortablen Spezifikation des Verhaltens der statischen Bedienelemente der Benutzungsschnittstelle muß der Programmierer einer Anwendung derartige Verhaltensformen immer wieder von Hand programmieren. Er wird nicht durch MOTIFATION (oder ein ähnliches Werkzeug) unterstützt, sondern wird mit dem, was „in den Fenstern passiert", allein gelassen. Die adäquate Unterstützung des Entwicklers von Benutzungsschnittstellen mit direkter Manipulation an diesem Punkt ist das Ziel der Entwicklung von OBJECTION, an der zur Zeit gearbeitet wird.

4.2 Die Lösungsidee: OBJECTION

Augenblicklich ist die Konzeption von OBJECTION, einer Erweiterung von MOTIFATION um die Einbindung derartiger dynamischer graphischer Objekte, in Arbeit. An dieser Stelle wollen wir die wesentlichen unterliegenden Ideen schildern.

Das Ziel ist die deklarative Beschreibung von Eigenschaften dynamischer graphischer, anwendungsspezifischer Objekte in ähnlicher Weise, wie bei den statischen Elementen in MOTIFATION schon implementiert. Die Eigenschaften werden interaktiv mit Techniken direkter Manipulation festgelegt und die Objekte dann in der Applikation verwendet, anstatt sie „von Hand" in der Applikation zu programmieren. Dies gilt auch für Beziehungen zwischen Objekten.

Das Prinzip der Lösung ist die interaktive Definition von Aussehen und anderen Eigenschaften dynamischer graphischer Objekte mit OBJECTION. Während der Laufzeit der Applikation werden die Objekte durch Aufrufe von OBJECTION-Standardfunktionen erzeugt, gelöscht und modifiziert. Typische Eigenschaften der dynamischen Objekte sind zum Beispiel Positionsinformationen, hierarchische Strukturierung, angebundene Semantikaktionen und die Einschränkung von Transformationen. Durch die Möglichkeit der Deklaration graphischer Beziehungen zwischen Objekten kann die Applikation von der Betrachtung exakter Positionen (Pixel) im Extremfall vollkommen befreit werden. Typische solche graphische Beziehungen zwischen Objekten - aus der Literatur [Borning 81], [Gosling 83], [Holletschek und Zöpfgen 91] bekannt als *graphical constraints* - sind zum Beispiel Berühren, Schneiden, Ineinanderliegen und Disjunktsein. Die Vorgehensweise bringt eine Reihe von Vorteilen mit sich:

- WYSIWYG (What you see is what you get): Das Aussehen der dynamischen graphischen Elemente wird nicht textuell programmiert, sondern interaktiv definiert.

- Standardfunktionen: Das Laufzeitsystem von OBJECTION hat volle Kontrolle (und damit "Kenntnis") über alle Ausgaben die die Anwendung erzeugt. Daher kann OBJECTION der Anwendung viele Standardaufgaben wie Zoom und Pan, Laden und Speichern, Selektieren, Bildschirmneuaufbau, sowie Transformation und Animation von Objekten abnehmen.

- Separation: Das Verhalten und andere Eigenschaften dynamischer Objekte sind nicht im Programmtext der Anwendung kodiert, sondern an definierter Stelle in der Beschreibung der Benutzungsschnittstelle festgehalten. Dies unterstützt die wünschenswerte Separation von anwendungsspezifischem Kode und der Implementation der Benutzungsschnittstelle.

- Positionierung: Durch Einsatz graphischer Relationen bei der Beschreibung der dynamischen Graphikobjekte kann die Anwendung im Extremfall (falls die Anwendung nicht probleminhärent mit Positionen umgehen muß) von den absoluten und relativen Positionen der Graphikobjekte vollkommen abstrahieren.

Die Unterstützung der dynamischen, graphischen Objekte in Benutzungsschnittstellen ist auch Ziel der Entwicklungsumgebungen Garnet [Myers 90a, Myers 90b], Presenter [Took 90] und InterViews [Linton, Vlissides und Calder 89]. In allen Systemen wird die Programmierung von interaktiven, anwendungsspezifischen Graphiken unterstützt: In Presenter und Garnet werden Graphiken durch Aufruf von entsprechenden Erzeugungs- und Modifikationsoperationen (in C bzw. Common LISP) definiert und bearbeitet. Direkt-manipulative Interaktionstechniken werden durch Einstellen von Objekteigenschaften definiert. Ähnlich werden in InterViews graphische Objekte als Instanzen von C++-Klassen kreiert und durch Interaktoren modifiziert.

Lediglich Presenter bietet mit dem interaktiven Werkzeug DoubleView [Holmes 89] erste Ansätze in Richtung der von Objection verfolgten Ziele: Direkt-manipulativ werden graphische Objekte erzeugt und in Presenter-"Code" übersetzt; die Applikation kann diesen Code einbinden und die graphischen Objekte verwenden.

Der intensive Einsatz von Constraints und ihre natürliche, direkt-manipulative Festlegung sind ein wesentliches Ziel von Objection. Garnet macht explizit in allgemeiner Form Gebrauch von Constraints - sie können als beliebige LISP-Ausdrücke formuliert werden. Die Constraints sind uni-direktional, Zyklen sind aber erlaubt. Dadurch können sehr komplexe Constraints formuliert werden, der Entwickler muß diese allerdings in der Implementationssprache programmieren. InterViews bietet Constraints in eingeschränkter Form über das "glue"-Konzept an; dieser Typ entspricht in der Mächtigkeit in etwa dem MOTIF-*Form-Widget* und dient vor allem zum optischen Verknüpfen von Objekten und zur automatischen Layoutanpassung bei Größenänderungen. Presenter verwendet lediglich eine eingeschränkte, aber sehr effizient implementierbare Form von Constraints zum Anbinden von Linien an Kästen (*link regions*).

Einige wesentliche Aspekte unseres Vorgehens werden wir im folgenden kurz behandeln: Objekthierarchien, graphische Relationen und Benutzerinteraktion mit dynamischen Elementen der Benutzungsschnittstelle. Abschließend geben wir einen kurzen Überblick über den augenblicklichen Stand der Entwicklung.

4.3   Hierarchien von dynamischen Objekten

Die Typen der dynamischen graphischen Objekte sind in einer hierarchischen Klassenstruktur, wie vom objektorientierten Programmierparadigma bekannt, gegliedert. Das erleichtert die Beschreibung der zahlreichen Eigenschaften von Objekten und schafft strukturelle Beziehungen zwischen diesen. So lassen sich etwa die dynamischen Objekte eines elektrischen Schaltplans wie folgt gliedern:

- Schaltelement

    - Zwei-Anschluß-Element

        - Kondensator
        - Ohmscher Widerstand
        - Diode

    - Drei-Anschluß-Element

        - Transistor

- Draht

Hierbei sind die nach rechts eingerückten Elemente die Unterklassen der darüber stehenden Elemente: Zwei-Anschluß-Element und Drei-Anschluß-Element sind Unterklassen von Schaltelement. Kondensator, Ohmscher Widerstand und Diode sind Zwei-Anschluß-Elemente.

4.4   Graphische Relationen

Graphische Relationen zwischen Objektklassen werden beim Lauf des Werkzeugs OBJECTION spezifiziert. Sie werden als eigenständige Objekte der Benutzungsschnittstelle aufgefaßt und der Anwendung über Standardfunktionen zur Verfügung gestellt.

- Beschreibung: Bei der Beschreibung von graphischen Relationen verwendet der Benutzer graphische Beziehungen wie zum Beispiel *gleiche Punkte, Linien oder Flächen, links, rechts, unterhalb oder oberhalb von*. Er setzt die beteiligten graphischen Objekte oder Komponenten davon in Relation. So könnte beispielsweise die Relation *Drahtanschluß* zwischen einem Anschlußpunkt eines *Schaltelements* und einem *Draht*objekt durch Identifikation geeigneter Punkte festgelegt werden.

- Attribute: Außerdem legt der Benutzer fest, welche Transformationen beim Erzeugen und Modifizieren der beteiligten Objekte angewendet werden sollen, um die graphischen Relationen (wieder) zu erfüllen. Dies sind Attribute des Relations-Objekts. Im oben erwähnten Beispiel könnte ein "Gummibandverhalten"des Drahtobjektes für den Fall des Verschiebens des Schaltelements definiert werden. Generell könnte der Position des Schaltelements Vorrang gegenüber der des Drahtes eingeräumt werden.

- Anbindung der Anwendung: Die Anwendung kann mit symbolischen Namen als Parameter über den Aufruf einer entsprechenden Funktion die graphische Relation (im Beispiel Drahtanschluß) herstellen. Dazu benötigt sie dann keinerlei Positionsangaben der beteiligten Objekte.

4.5 Benutzerinteraktion mit dynamischen Elementen der Benutzungsschnittstelle

Bei Einsatz dieses Konzeptes geschehen alle Ausgaben der Anwendung ausschließlich durch Aufruf von Standardfunktionen von OBJECTION. Das bedeutet, daß OBJECTION zu jedem Zeitpunkt volle Kenntnis aller auf dem Bildschirm sichtbaren und für den Benutzer aktivierbaren Bildelemente hat. Dadurch kann das System dem Entwickler einer Anwendung viele Standardaufgaben abnehmen, die er sonst selbst programmieren müßte. Durch Angabe einiger weniger zusätzlicher Eigenschaften ist das dynamische Verhalten der Objekte spezifizierbar.

- Selektion: Ein Standardverfahren interaktiver Programme ist die dauerhafte Selektion eines oder mehrerer sichtbarer Objekte, um als aktueller Gegenstand der Betrachtung und ggf. Subjekt von Operationen zu dienen. In einer entsprechenden Attribut-Box legt der OBJECTION-Benutzer das Selektionsverhalten einer Objektklasse fest (etwa die Veränderung der Farbe, das Auftreten einer *bounding box* oder *handles* und Ähnliches). Man kann festlegen, ob Einfach- oder Mehrfachselektion erlaubt ist und dynamisch die Selektierbarkeit beeinflussen.

- *Picking* ist das Zeigen auf ein Objekt, z.B. als kurzfristige Eingabe für eine Operation: Ähnlich wie bei der Selektion kann das Pickverhalten in einer entsprechenden Attribut-Box festgelegt werden.

- Gruppieren: Objektorientierte Zeichenprogramme erlauben meist das hierarchische Gruppieren von Bildelementen zur Erleichterung von Editieroperationen. Diese Funktionalität kann OBJECTION, falls gewünscht und sinnvoll, ebenfalls anbieten.

- Löschen und Neueinfügen von graphischen Objekten: Die Semantikaktionen, die beim Kreieren und Löschen von Objekten ausgeführt werden sollen, sind dem Objekt als *Callback*-Attribute zugeordnet. Der Anwendung steht eine Identifikation des Objektes zur Ablage und Verwaltung zur Verfügung, womit das Objekt (mit allen Parametern) für die Applikation stets zugreifbar ist. Auch ein *Cut-Copy-Paste*-Mechanismus kann damit durch OBJECTION angeboten werden.

- Modifikation von Objekten: Transformation wie Dehnen, Stauchen, Rotieren oder Verschieben werden im allgemeinen durch direkte Manipulation durchgeführt, die Zusatzinformationen, wie Dehnungsvektor, Rotationswinkel oder Translationsvektor erfordert. Für solche Interaktionen bietet OBJECTION Standardverfahren an, die entsprechende visuelle Rückkopplung bieten (zum Beispiel *rubberbanding, bounding box*).

4.6 Stand der Entwicklung

Zur Zeit werden die hier skizzierten Konzepte entwickelt und erste Realisierungsideen an Prototypen erprobt. Es stellen sich zwei Hauptprobleme, an deren konstruktiver Lösung wir zur Zeit arbeiten:

- Die Entwicklung der graphischen Objekthierarchien dynamischer Objekte für das Werkzeug OBJECTION: Wir arbeiten zur Zeit an der Einbindung einfacher graphischer Elemente, um die Prinzipien zu erproben und wollen diese später im Hinblick auf komplexere Graphiken erweitern.

- Graphische Relationen: Wir beginnen zur Zeit mit der Behandlung graphischer Relationen, die sich unter ausschließlicher Verwendung von Bezugspunkten (sogenannten Konnektoren) beschreiben lassen. Der Vorteil ist, daß sich damit viele relevante Beziehungen durchaus lösen lassen, die notwendigen Algorithmen aber erheblich einfacher sind als beim Einsatz von Linien- und Flächenobjekten.

Literaturangaben

[Berlage 91]
Berlage, T.: Interaktive Schnittstellengestaltung in einem objektorientierten Rahmen, in: Encarnacao (ed): Telekommunikation und multimediale Anwendungen der Informatik, Springer, IF 293, pp 509-518, 1991

[Borning 81]
Borning, A: The programming language aspects of ThingLab, a constraint- oriented simulation laboratory, ACM Transactions on Programming Languages 3, 4, Oktober 1981

[Gosling 83]
Gosling, J: Algebraic Constraints Carnegie-Mellon University, Dissertation, Mai 1983

[Green 86]
Green, M.: A Survey of three Dialogue Models, ACM Trans. of Graphics 5, 3, p. 244-275

[Hartson 89]
Hartson, R.: User-Interface Management Control and Communication, IEEE Software, January 1989, pp. 62-70

[Holletschek und Zöpfgen 91]
Holletschek, A; Zöpfgen, C: ProCon - Konzeption und Entwicklung eines constraint-unterstützten Editors, Universität Dortmund, Fachbereich Informatik, Diplomarbeit, Juli 1991

[Holmes 89]
Holmes, S J: "Overview and User Manual for Doubleview" University of York, Department of Computer Science, Heslington, York, England, YCS109(1989), 1989

[Linton, Vlissides und Calder 89]
Linton, M A; Vlissides, J M; Calder, P R: "Composing User Interfaces with InterViews", Computer, Vol. 22, No. 1, pp 8-22, 1989

[Marmolin 91]
Marmolin, H.: The TeleUse Dialog Management System, In: Bullinger (ed): Proc. HCI International '91, Elsevier, 1991

[Microsoft 92]
Microsoft Corporation: VisualBasic, Demo-Diskette, 1992

[Myers 89]
Myers, B.: User Interface Tools: Introduction and Survey, IEEE Software, January 1989, pp. 15-23

[Myers 90a]
Myers, B.; Giuse, D; Dannenberg, R G; Zanden, B van der; Kosbie, D; Pervin, E; Mickish, A; Marchal, P Garnet: Comprehensive Support for Graphical, Highly Interactive User Interfaces, IEEE Computer, Nov. 1990, pp 71-85, 1990

[Myers 90b]
Myers, B.: Creating User Interfaces Using Programming by Example, Visual Programming, and Constraints, ACM Transactions on Programming Languages, Vol. 12, No. 2, pp 143-177, 1990

[OSF 89]
Open Software Foundation: OSF/Motif Reference Manual, Revision 1.0, Open Software Foundation, 11 Cambridge Center, Cambridge, 1989

[Schmucker 86]
Schmucker, K J: "MacApp - an Application Framework", Byte, Vol. 11, No. 8, pp 189-193, 1986

[Spenke 90]
Spenke, M; Beilken, C.: An Overview of GINA - the Generic INteractive Application, in: Duce, Gomez, Hopgood, Lee: User Interface Management and Design, Springer, pp 273-293, 1990

[Szczur 91]
Szczur, M R: Designing Graphical User Interfaces Using TAE Plus, SIGCHI Bulletin, Vol. 23, No. 4, pp 52-53, 1991

[TeleUSE 89]
Telesoft Inc.: TeleUSE Reference Manual, Version 1.0, Teknikringen, 1989

[Took 90]
Took, R.: "Presenter - Programmer/User Manual, Version 2.0", University of York, Heslington, York, England, 1990

[Webster 89]
Webster, B.F.: The NeXT Book (The Interface Builder), Addison-Wesley, July 1989

[Zanden 90]
Van der Zanden, B.; Myers B.: Automatic, Look-and-Feel Independant Dialog Creation for Graphical User Interfaces, Proceedings of the CHI '90 Conference on Human Factors in Computing Systems, Seattle, Washington, April 1990, pp 27-34

Direct Composition of Adaptable Multimedia User Interfaces

Thomas Kühme and Matthias Schneider-Hufschmidt

Siemens Corporate Research and Development
ZFE ST SN 7, Otto-Hahn-Ring 6
D-W8000 München 83
Federal Republic of Germany
{kuehme | msch}@zfe.siemens.de

Abstract

In this paper a brief review of user interface management systems (UIMSs) and their advantages is given. Shortcomings of current UIMSs and open requirements imposed by industrial application areas are outlined. Among the most important requirements are uniform design mechanisms independent of interaction media, techniques, and styles as well as a straightforward end-user adaptability of user interfaces.

A new approach to interactive interface design, called "direct composition", is introduced. In this approach all interface objects contain the means for their own modification and design and therefore offer consistent interaction techniques for both the design and usage of user interfaces. Moreover, end-user adaptability is an inherent feature of direct composition interfaces.

The user interface design environment SX/Tools is described to exemplify specific properties of user interface management systems following the principle of direct composition. The impacts of direct composition on user interface design include a uniform interface development process covering tool development, interface design, and "on-usage" interface adaptation. It is argued that the direct composition approach can overcome many of the problems with traditional UIMSs.

1 User Interface Management Systems

The design of the user interface of an interactive system is one of the major tasks in software engineering. User interfaces tend to be complex software products which reflect specific properties of applications as well as technological properties of the hard- and software used for the realization.

Many efforts have been made to simplify the user interface design process. During the last years User Interface Management Systems (UIMS) [10] have become state of the art. These systems serve two purposes: they support the software developer in the design of user interfaces (the user interface development system (UIDS) aspect [5]) and they supply a runtime environment necessary to use the developed interface. The development of the user interface includes the definition of the static properties of user interfaces and of their dynamic behavior at the user interface level. One important feature of UIMSs is the strict separation of application and user interface code. This separation allows the independent development of system and interface. However, even with a UIMS the designer has to know the intricacies of the application in order to design an appropriate user interface.

UIMSs offer several important advantages. First, they allow the uniform design of user interfaces for a variety of application systems. This includes the possibility of ensuring a certain style of interaction on the level of the UIMS. Second they allow the combination of one application system with different user interfaces, either for hardware reasons or to fit specific users' demands. Third, it is possible to prototype user interfaces at a very early stage of the development process in order to get early user feedback on the quality of design. This "rapid prototyping" is (almost) independent from the existence of the application system. Finally, UIMSs offer possibilities for reuse of existing components of user interfaces in future designs.

Even with the aid of a UIMS the design of good user interfaces remains a complex task. The knowledge necessary to design good user interfaces can be divided into three categories: knowledge about the appearance and behavior of user interfaces, knowledge about the design process to create user interfaces, and knowledge about the application. Lack of knowledge in any of these categories will result in non-optimal user interfaces. Since it is rarely the case that the software designer is an expert on the relevant application domain, serious failures and misconceptions on the level of a system's user interface are to be expected.

A further improvement on the quality of user interfaces can be gained by delivering the user interface design environment to the end-users who have application domain expertise. They are then able to adapt their user interface both to their working style and their specific knowledge and to changing requirements of the application systems. In this case the burden is moved in part to the end-users. If they want to adapt the interface, they have to learn how to use the design environment and how to design good user interfaces. As will be seen below, this additional learning overhead can be reduced by using a UIMS which incorporates an interaction style called "direct composition" in which each object at the user interface contains information about its own designability.

An alternative approach to user interface design is the usage of so-called application frameworks. Application frameworks are toolsets consisting of tools for user interface and application design. Using object-oriented techniques it is possible to enhance those toolsets to incorporate application-specific changes. To realize these changes the designer must be able to write programs. The design of user interfaces within application frameworks allows a far tighter coupling of user interface and application. A comparison of application frameworks and user interface management systems is beyond the scope of this paper. For a more detailed description of application frameworks we refer to e.g. [13].

2 Requirements for User Interface Design

Some requirements which become more and more important in the context of future user interface design are rarely fulfilled, some not at all, by existing design environments. Subsequently we give an overview of these requirements imposed by industrial application areas for this kind of tool. It should be stressed, however, that the requirements discussed here hold for other application domains like office automation, too, with minor shifts of importance. Some requirements, like, e.g., the separation of user interface and application system, are considered to be "state of the art" and will not be mentioned here. Also not discussed are requirements on which further research seems to be needed in order to get significant results for the applicational practice, e.g., supporting the design of intelligent interfaces.

2.1 Extensibility

2.1.1 Interactive Design of New Widgets

Different areas in production automation, numerical machine control, robot control, etc. have similar requirements as regards the design of user interfaces for computer-based visualization and control applications: the task of the system designer is to develop application specific graphical objects ("widgets").

The prototypical user interface of a system is composed of these application specific visualization objects and "standard" user interface objects like menus, windows, scrollbars, forms and icons. It is important to note that the prototyping of these interfaces does not end on the window system level. Both the screen layout and the interface to the application using graphics need to be prototyped by the designer. For prototyping the control interface of an assembly line, one might want to combine symbols for robots, cutting tools, drills etc. with menus for selecting operations, dialog boxes for displaying warning messages or other arbitrary user interface elements. All these elements are combined inside a window into a symbolization of the "real" assembly line, in order to allow visualization and control of that assembly line through the computer. Or, to take another example, a traffic visualization and control system needs symbols for, e. g., traffic lights, detectors and lane markers. These, again, are combined in order to provide a visualization of events happening at some corresponding "real" intersection.

The application specific graphical objects mentioned above are not just visualization objects. They usually have a specific semantics known to the application expert. Moreover, it is necessary to define both their static appearance (the "graphical" aspect of the user interface) and their dynamic behavior (the "interactive" aspect).

2.1.2 Interactive Design of Dynamic Behavior

If the definition of the behavior of an interface can be done largely on the level of the user interface itself, most of the prototyping of behavior aspects can be performed without the application system.

The expressive power of the technique and language used for defining dynamic properties is important. The interface designer need not be a computer expert. It must be possible to express the design in terms understandable to application experts. On the other hand, the language for the definition of behavior has to be powerful enough to describe all interaction sequences on the user interface level and with the application system.

Several possibilities exist to support the interactive definition of dynamic properties. Objects receiving messages or events from other objects may be selected by pointing, lists of acceptable messages or events can be displayed in a menu-like style on demand, etc. Another possibility to define behavior of user interfaces is programming by example [6]. It must be possible to simulate the behavior of a user interface without an existing application. Tools for debugging the behavior are essential in a user interface design environment.

2.2 Reusability of Standard Widgets

Just as important as the ability to design new widgets is the reusability of existing, quasi-standardized widgets. Within a flexible design environment it should be possible to use a combination of, both, interactively designed widgets and "standard" ones from any existing widget set (e. g., OSF/Motif or Sun's OLIT).

2.3 Openness to New Interaction Media

What today is specifically called "multimedia" can be considered to become the normality in user interface technology within the next few years. Furthermore, new interaction media and techniques will appear as well as new tools for interface design coming along with them. In order to avoid "multi-tool" environments which tend to cause severe consistency problems, future design environments should be open for a full integration of arbitrary interaction media.

This integration has two aspects. First, it must be possible to incorporate into user interfaces all interaction media in a similar way. On the other hand, the design environment itself should make use of "multimedia" interaction with the designer wherever it is convenient.

2.4 End-User Adaptability

Often the design of user interfaces in an industrial environment is not finished when a system is delivered to the customer [1]. Since the interface of the system is to reflect the structure of the real system, it must be possible to reflect changes in an application at the user interface level. This is only possible if the end-user gets tools for the modification of the system's user interface. By delivering both the application system and the design environment for the user interface, it is possible for the end-users to adapt the user interface to either their personal taste and abilities or to modify the interface to reflect a modification in the structure of the application.

One conclusion of this demand is that the definition of the appearance and behavior of a user interface should not be in the form of program code. First, the end-user cannot be expected to be an experienced programmer or to know the programming language used. If a programming language is used, e.g., for the definition of the dynamic behavior, it should be simple and tools must exist to support the user at the modification or redefinition of the behavior description. Second, the application system and the user interface cannot be recompiled and linked after every modification done by the end-user. Therefore, modifications at the user interface level have to be possible without changing the delivered object code of a system. (An example of end-user modifications which do not affect the code of an application interface is the use of resource-files in the X window system [11].)

2.5 Uniform Design Mechanisms

With a UIMS, which fulfills the requirements of extensibility, openness, reusability and end-user adaptability as discussed above, there is an increasing need for a uniform construction and design discipline over all parts and levels of an interface. In order to achieve a good learnability and usability of a design environment the design mechanisms have to be independent of several design parameters described subsequently.

Independence of the Interaction Technique. It should not make any difference whether to design, e.g., a push button, a graphical symbol for a traffic light, or a frame for audio/video input/output. Changing static properties or the interactive behavior should work for all interaction objects in a similar way.

Independence of the Granularity of Designed Elements. Constructing a new elementary interaction technique (e.g., a special kind of a menu), an aggregated object (e.g., a robot visualization), or a complete user interface to an application has to follow the same basic principles.

Independence of the Interface Style (Look-and-feel). Switching the style of the interface in construction (e.g., using OSF/Motif widgets instead of those in the SUN OLIT toolkit) should not force the designer to switch between different design techniques.

Independence of the Life Cycle Stage and the Designing Person. The demands for end-user participation in the design process and end-user adaptability of a user interface result in the requirement of design mechanisms that are independent of the stage at which the design is performed. E.g., a user who has participated in the interface design process and thereby has become skilled in some frequently used design mechanisms of course expects the same mechanisms to be available when modifications of the interface become necessary at a later point of time.

Nevertheless, for reasons of system evolution the possibility of reusing already existing user interface design tools within such an environment is important. It can be quite meaningful to make use of well known or specialized design tools although they might break the overall uniformity. Ideally a coexistence of different design tools as well as a smooth, evolutionary change from existing, however inconsistent, tools to a new homogeneous tool environment should be possible.

2.6 Further Requirements

2.6.1 Conforming with Standards

For industrial application it is necessary to follow standards or quasi standards. This has consequences on several levels. First, the implementation language of a UIMS has to be widely used in industrial applications. Currently C and C++ seem to be the languages of choice for the realization of these systems. Second, the style of interaction should follow some generally accepted user interface style, like, e.g., the Motif style ("Look&Feel") [9]. Finally, the user interface description produced with a User Interface Management System should conform to widely used representation languages (like, e.g., the Motif-UIL [8]). As a minimum a UIMS should have the ability to interpret user interface descriptions written in those languages and create descriptions in a form that can be interpreted by other tools.

2.6.2 Realtime Support

Industrial applications often impose rather strict requirements for the realtime behavior of automation systems. If it is not possible to guarantee a necessary reaction time in the user interface component of such a system it is necessary to separate the user interface from the realtime dependent parts of an application.

2.6.3 Support for Distributed Applications

Industrial application systems like assembly lines or traffic control systems, usually run on different machines, possibly with different operating systems in a physically distributed environment. A User Interface Management System for these applications has to support a simultaneous interaction with different hosts on a higher level of abstraction than a distributed window system like X basically does.

Similar requirements hold for applications in the area of Computer Supported Cooperative Work (CSCW) where different people in distributed locations share a workspace to solve tasks in a coordinated way.

2.6.4 Security Requirements

In many industrial applications specific requirements are imposed on automation systems as regards, e.g., security properties or reaction to system malfunctions. In many cases the correct behavior with respect to some given specification or legal document has to be verified or validated. The verification of those properties can prove difficult or impossible for user interface components, since they are open to the unspecifiable behavior of users. A well defined application interface can resolve this problem because it is possible to control the influence of user behavior on the application system at the interface between UIMS and application.

2.6.5 New Interfaces to Old Applications

Existing application systems are often equipped with standard non-graphical interfaces. With the advent of cheap graphics hardware customers want to switch from their old interfaces to new interfaces using graphical abilities of terminals. This evolution from non-graphical to graphical user interfaces can be done smoothly if a clear separation between the interface component and the functional part of the application system exists.

2.7 Current State of Practice

Most toolkits for the prototyping of user interfaces do not fulfil the requirements stated above. E.g., they either allow the prototyping of the window system elements of a user interface (i. e. menus, buttons, etc.) or the definition of interactive graphics, but usually the homogeneous handling of the entire user interface is not possible. Other requirements, like the definition of the dynamic properties of objects, are only fulfilled rudimentary, or, even worse, cannot be fulfilled at all (e. g., a straightforward end-user adaptability of interfaces).

3 The Principle of Direct Composition

The term "direct composition" stands for the thorough application of the principle of direct manipulation [12] to the design and development of graphical user interfaces. It characterizes a fully object-oriented approach to the creation and specification of a user interface without using specialized tools. Direct composition is based on an elementary conceptual model of user interface objects [4]. This object model contains both a model of the object's interactive design, and a model of its interactive behavior when using it in the appropriate applicational context (cf. Figure 1). For this reason each user interface composed of those objects contains a model of its own design and its use.

The static appearance and the interactive behavior of objects described by the conceptual model, which is based on the direct composition philosophy, can be designed by using purely interactive techniques. New objects can be copied or derived from existing ones and both new interface objects and entire user interfaces can be composed directly by using existing objects.

As a consequence, each object has exactly one set of elementary interaction techniques, one part of which is being used for the dialog with the end-user of a user interface and another, not necessarily disjoint part for the dialog with its designer. The user interface designer can communicate directly with the objects of interest, i.e., with the elements and objects which are combined to form a user interface. The designer does not have to communicate on these objects via separate design tools. The user interface design environment no longer needs to contain tools for dialog design, because all objects of the interface of the design environment and of arbitrary interfaces to be designed contain the means for their own modification and design. Just some browsing facilities should be added to support an easy access to all, even invisible interface objects.

Interface objects define different roles and describe the semantics of the dialog depending on the chosen role. One and the same interaction can cause very different effects on an object according to the role the object takes. The set of interaction techniques of an object includes aspects of manipulation, visualization, and construction. An object always encapsulates the union of all interaction techniques needed in all its roles. The role "design of the object itself", e.g., mainly needs construction aspects, while in the role "dialog with the user of the application" manipulation and visualization aspects usually predominate.

Objects can change their roles and therefore can be used in the design environment as well as in the runtime environment. Moreover, interactive design and testing is not restricted to a specialized design environment but can be activated also at runtime by simply changing the object's role.

To summarize, direct composition of user interfaces offers, among others, the following advantages. Interface objects offer consistent interaction techniques for both the design and usage of user interfaces, end-user adaptability is an inherent feature of direct composition interfaces, and, finally, the openness and extensibility of user interface design systems can easily be achieved by using the compositional approach.

4 SX/Tools — A User Interface Management System Based on Direct Composition

SX/Tools (S stands for Siemens, X for the X window system) is a homogeneous extensible user interface management system that is designed for the prototyping of complete user interfaces in different production automation application areas. Thus, it allows evolutionary software development in areas where this is currently not customary. However, the system may also be used in other application areas such as office auto-

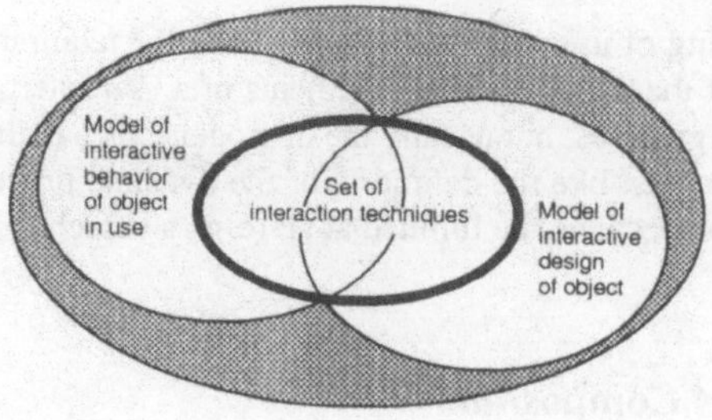

Figure 1. The object model of direct composition

mation. In the following we describe in how far the requirements stated above are fulfilled by this UIMS. It is shown that direct composition plays a major role in meeting many of these requirements.

4.1 Direct Composition

SX/Tools follows the principle of direct composition as described above. Each interface object contains all the knowledge necessary for its own design and for its use as part of an application interface.

With SX/Tools, interfaces are built by copying and modifying existing interface components and creating new components being composed of them. The interaction process for the design follows a direct manipulation style, i.e., the designer does not have to write code in order to define a user interface, but, instead, can concentrate on the ergonomic features of the user interfaces to be designed. Interface components can be collected into so-called toolboxes. Basic toolboxes exist, e.g., for graphics, forms, windows, menus, etc. New toolboxes can be created in the same way as new interfaces, namely by interactively copying objects from other toolboxes or interface definitions. Toolboxes as well as interfaces can be stored permanently and their contents can be used in later sessions. According to the principle of direct composition, the necessary object management is performed by each object itself.

As illustrated by Figure 2, the direct composition approach implies a uniform interface development process which covers tool development, interface design and "on-usage" interface adaptation. The entire process is performed within one and the same environment following the same basic principles. This is in contrast to the conventional approach of separated design and runtime environments [2] found in most state-of-the-art UIMSs.

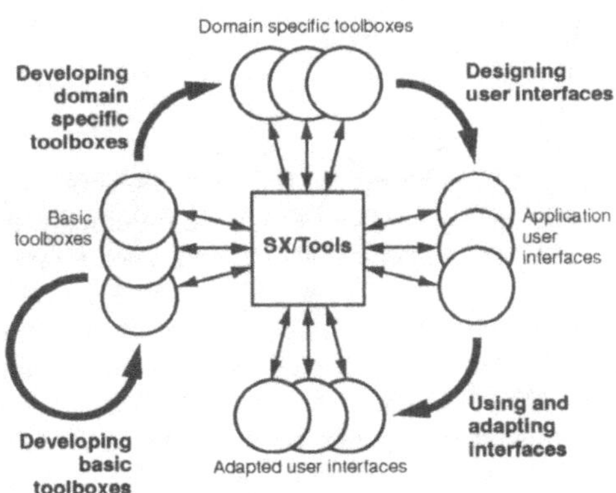

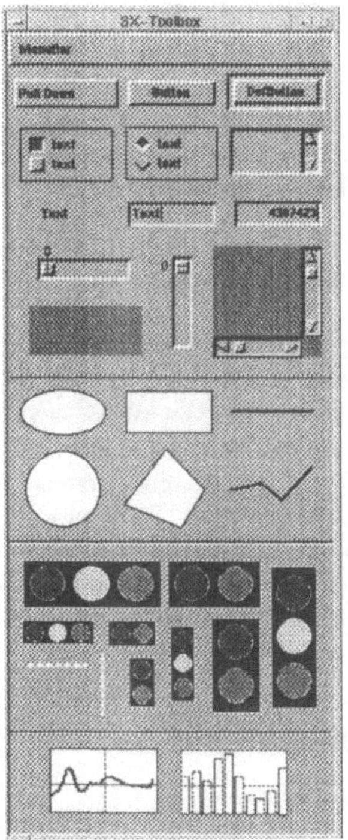

Figure 2. The SX/Tools interface development process

Figure 3. SX-toolboxes contain both standard and application specific interface elements.

Extensions to SX/Tools can be obtained through further development of basic toolboxes by adding new, interactively designed interaction techniques. Only the most basic techniques (e.g., the handling of new i/o channels) have to be implemented by conventional, although object-oriented, programming. Internally such elementary techniques are encapsulated in classes. Default objects of these classes are used as toolbox representations. However, for reasons of performance some even more complex interaction techniques are supplied the same way, i.e., they are programmed, although they could have been composed interactively (e.g., standard menus, buttons, etc.).

The customization of the design environment can easily be accomplished by interactive development of domain specific toolboxes. Figure 3, e.g., shows a toolbox designed for interface construction in the domain of traffic control systems. Domain specific toolboxes provide the user interface designer with elements which fit the application's needs through an adequate level of abstraction.

Since direct composition preserves the design mechanisms during the objects' whole lifetime, end-users are able to adapt SX/Tools user interfaces to their particular needs. They proceed from some standard user interface of an application and use the same interactive design techniques as the designer.

In the following, some issues of user interface development with SX/Tools are discussed in more detail. It is pointed out which impact the direct composition approach has on these aspects, respectively.

4.2 Uniformity of Design

In the SX environment, interface elements like menus, buttons, text labels, icons or windows, and graphical objects like lines, polygons, rectangles or circles are handled in a uniform way. The techniques for the definition of interfaces do not change from the screen layout to the graphical representation of system properties. The user interface designer is not forced to use different tools to define the layout and the graphics part of the interfaces. SX/Tools allows the interactive design of static and dynamic properties of user interface objects. While the definition of aggregated objects also can be achieved interactively, a specialization (derivation) of new object classes from existing ones still has to be realized by programming in the current environment.

4.2.1 Definition of Appearence

Static properties are defined in two ways. Properties which can be modified by direct manipulation (e.g., size, position, rotation) are defined using a pointing device. All other properties can be modified using property sheets. The principle of direct composition applies to those property sheets, too. Each property knows how it can be modified in an optimal way from the user's point of view and uses an appropriate property sheet for its design. There are various property sheets to define, e.g., numbers, texts, selections (1 of n or m of n), or colors. These property sheets can also be adapted to specific hard- and software requirements. For example, the property sheet to define colors may look different on a workstation with 8 colors (simple 1 of 8 selection) than it would look on a machine allowing a large number of colors. In the latter case RGB-sliders could be the appropriate choice. Figure 4 shows three specific property sheets for color, linewidth, and boolean values.

4.2.2 Definition of Behavior

For the definition of dynamic properties of user interfaces (the "behavior") different techniques have been proposed, among the most commonly used are state-transition-nets, context-free grammars and event-based techniques. For a discussion of the advantages and disadvantages of these approaches we refer to Green [3]. For the development of SX/Tools we have chosen an event-based approach. One of the advantages of this approach is that the reaction to incoming events can be defined locally at the user interface objects conforming to the principle of object-orientation. The overall behavior of the user interface can then be described by the interplay of the local reactions to incoming events.

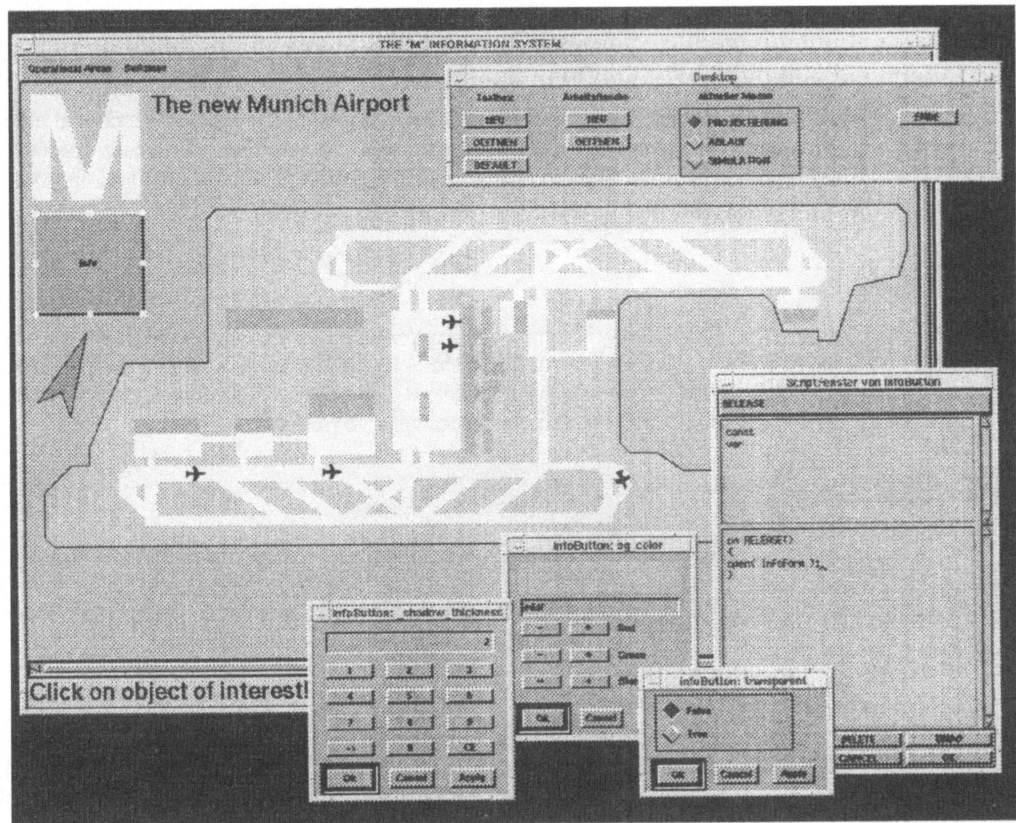

Figure 4. Some elements of the SX/Tools design environment

For the description of the reaction to incoming events (called scripts) a simple C-like language SX/Talk has been defined. To relieve the user interface designer from the burden of knowing the syntax of this language exactly, SX/Tools provides an interactive, structure-oriented editor for event-definitions (see Figure 4). This can again be seen as an example of direct composition: if the designer wants to define a script of an object a specific modification tool is instantiated to perform the task for that object. The reaction to an incoming event can be either the modification of local properties, the application of other local scripts or the creation of an event being sent to another object of the user interface or the application system. Scripts are not compiled and linked into the UIMS-code. Scripts are parsed and a syntax check is being performed on their contents. Afterwards, a binary version of scripts becomes a property of the user interface objects in question. This version of the scripts is then interpreted. The reason for this solution is that the user interface need not be compiled and linked after each modification (see above).

Events may be either system-defined or user-defined. System-defined events include mouse-clicks, key-presses and selections in menus. User-defined events can be of any kind. These events are sent to interface objects either from the application system or from other user interface objects.

4.2.3 Specialization

Two styles of extensibility have been realized in the environment. Besides the simple modification of existing objects, more complex objects can be created by *specialization* and by *aggregation*. Specialization is usually being performed by a user interface design expert. Specialization is a process during which new classes are derived from existing classes and extended in order to create new objects with a different appearance or behavior. It is done by writing additional code for the user interface environment. This also implies that the system has to be rebuilt after these modification.

As a consequence of the direct composition principle, specialized classes inherit not only the normal interactive behavior but also all design mechanisms defined by their superclasses. They may locally specialize these mechanisms due to their particular needs whereas otherwise, with the conventional tool approach, large-scale extensions might be necessary.

4.2.4 Aggregation

Aggregation can be done without explicitly writing code. Existing objects are copied and combined into new objects, so-called *aggregate objects*. These objects behave like simple objects. They also have static properties which define their appearance and it is possible to define scripts which control their behavior. Aggregate objects can be copied into toolboxes and be made available for future use.

4.3 Openness

SX/Tools is an *open* user interface design environment. The integration of new interaction media is relatively simple. Although some programming effort is necessary the integration of audio or video output is not a major problem. Given the necessary hardware, we were able to create interface objects for audio output in less than a day. Certainly, more effort is needed to really integrate these interaction media, but the experiences so far have been encouraging.

In principle, new media are integrated into SX/Tools by specializing existing interface objects to encapsulate the behaviour of the interaction channels, e.g. a specialization of a pixmap object can be used to define the output channel for video output. The control of the video player has to be implemented manually; however all the properties and the behaviour necessary to display and dynamically change the appearance of the output channel are inhereted from pre-existiong classes.

We heve developed a conceptual framework for the realization of a multimedia environment on the basis of SX/Tools. This environment contains class definitions and modification tools for continuous and discrete media as well as timeline editors to define time-dependant relations between multimedia objects.

The *openness* of the user interface management system extends into the design of the UIMS itself. The designer is free to define some personal environment in which the further use of SX/Tools is performed. The use of domain specific toolboxes containing interactive graphical elements and layout elements is just one example for this possibility. Since each object in a direct composition environment contains the information necessary for its own design and use, the same is true for the elements comprising the design environment. This property has the consequence that after the realization of the basic elements of the UIMS (the "bootstrapping phase"), the entire system can be developed using its own design techniques. Tools necessary in the UIMS for the design of interfaces can be designed in the same way as the interfaces themselves. For example, a file selector window can be composed of a number of text fields, text input fields, list-boxes and action buttons related by appropriate dynamic scripts. Once its design is finished, it can be used inside the design environment and copied to a user defined toolbox for future use in application interfaces.

Some tools in the environment are used only for the design of application interfaces, not in the interfaces themselves. These tools include the property sheets for the definition and modification of object properties, the editor for dynamic scripts and browsing tools for the selection of formerly defined interface objects. Figure 4 shows an example screen layout developed with SX/Tools and a set of object specific design tools. For these tools, all the properties of direct composition hold equally. Excluding the basic features they are composed of existing interface objects and are subject to modification by the interface designer.

4.4 End-User Adaptability

Objects in direct composition environments contain the information about their modification *and* their use. These two parts can not be separated easily. Therefore interfaces designed with SX/Tools contain the possibility for their own modification even after the delivery to the end-user. The user of an application system can modify its user interface using the same techniques and tools as the designer. The interaction techniques employed during the modification of user interface components are the same that the user knows from the interaction with the application system itself.

During the realization of an SX interface the designer can decide which objects and which specific aspects of objects may be changed by the end-user. Also, the right to create new and delete existing objects can be given to the end-user explicitly. For the actual mdification direct manipulation, property sheets and script editors can be employed by the end-user. Furthermore it is possible to grant the end-user the right to change an interface universally, i.e. to modify aspect of the interface.

The end-user must be able to *adapt* application system interfaces for several reasons. First, it is possible to create user-specific interfaces reflecting the personal working style and abilities of individual users. Second, modification can become necessary when system requirements change and modifications in the structure of the application systems become necessary. In state-of-art automation systems with the ability of dynamic reconfiguration of automation processes this ability of adapting to new application structures is very important.

4.5 Further Requirements and Their Coverage by SX/Tools

Other requirements mentioned in section 2 include realtime support, security requirements and the ability to create new interfaces to existing applications. In fulfilling these requierments SX/Tools dosn't have specific advantages over other UIMSs.

Within our current implementation framework we are not able to guarantee realtime properties of the user interface due to Unix' lack of realtime features. However, since the communication between user interface and application is controlled entirely by the SX application interface, we can enable the designer to separate realtime-critical components from the user interface.

There is currently no solutionm to the problem of security within SX/Tools. The mechanism described in section 2.6.4 can be used within SX/Tools, but we don't have support foir the validation or verification of the communication between user interface and application.

The realization of new user interface to existing application is possible within the SX/Tools framework by inserting an additional layer between SX/Tools and the application. From the SX/Tools point of view, this layer is an application program which send and receives events to and from SX/Tools. From the application this layer interprets output sequences and creates input to the application.

4.6 Implementation Issues

4.6.1 Object-Orientation

SX/Tools has been developed strictly *object-oriented*. For UIMSs following the principle of direct composition an object-oriented approach is an absolute necessity. The implementation of the system is done in C++. Although this programming language does not offer all the object-oriented features we would like to have for the realization of the system (e.g., it lacks a usable metaobject protocol) it seems to be a reasonable compromise between industrial requirements and quasi standards and the requirements coming from the design style of direct composition.

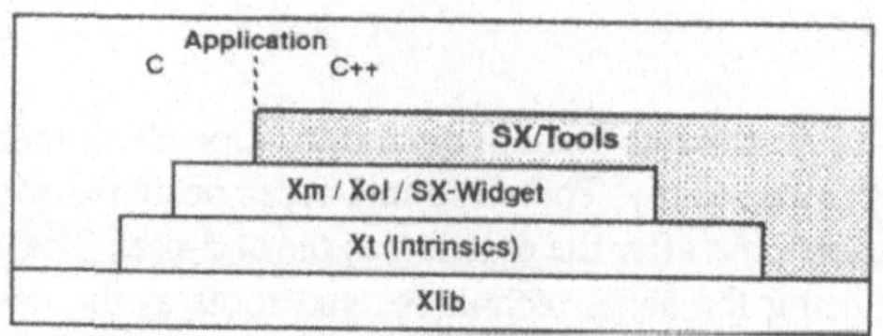

Figure 5.   Functional scope of SX/Tools

4.6.2   User Interface Standards

The second basis for SX/Tools is the use of the X window system and UNIX. This decision again reflects our need to follow industrial standards. X is currently being used in many application areas and seems to be a sensible fundament for the design of a UIMS. The style of interaction follows the so-called Motif Look and Feel [9], i.e., by using SX/Tools different user interfaces can be built with a uniform design and interaction technique which is widely used in industrial applications. Due to the decision to conform to these quasi-standards (UNIX, C++, Motif and X) the environment is highly portable and could be developed for several different hardware platforms in parallel.

Figure 5 shows how the functionality of SX/Tools can be classified in terms of software layers. A specific widget, called "SX-Widget", serves as a gateway between the two worlds of Xt widgets and SX objects. The SX-Widget allows the mapping of an arbitrary SX object hierarchy into the widget hierarchy as a sub-tree of it. From the SX/Tools point of view all widgets, even the SX-Widget, are encapsulated in appropriate classes which are subject to the mechanisms of direct composition. On the other hand, a C programmer has access to SX/Tools by means of the gateway widget. Moreover, the SX-Widget can be used within existing, e.g., OSF/Motif based, design environments, if they are configurable in order to handle non-standard widgets. This is due to the requirements of evolutionary system design.

4.6.3   Multiple Application Interface

The application programmers interface (API) to SX/Tools is based on the communication protocol of the objects involved. Both application and interface objects can be identified by name and communicate with each other via messages. In case of non-object-oriented applications, messages to the application appear as ordinary events.

At the technical level SX/Tools provides a multiple application interface. First, the application code may be linked to the SX/Tools code as it works with common toolkits. Besides that, SX/Tools offers a client-server architecture similar to the X architecture (see Figure 6). While the figure represents the logical structure of this architecture the "SX protocol" is physically built upon the X protocol exploiting the appropriate X mechanisms with regard to the Inter-Client Communication Conventions Manual (ICCCM [

]). This approach offers the possibility of distributing SX applications to whatever environment that supports the standard X protocol.

Besides the realization of distributed applications, the client-server architecture of SX/Tools allows to connect additional interaction channels to SX/Tools. E.g., the functionality of an audio/video control program can be encapsulated into an object which communicates with this program via the SX protocol. The complete definition of such an object and its communication procedures can be set up interactively according to the direct composition mechanisms.

4.6.4   State of the SX/Tools Implementation

Several prototypes of the SX/Tools user interface management system have been implemented. The system has been used prototypically for the design of user interfaces for automation systems and process con-

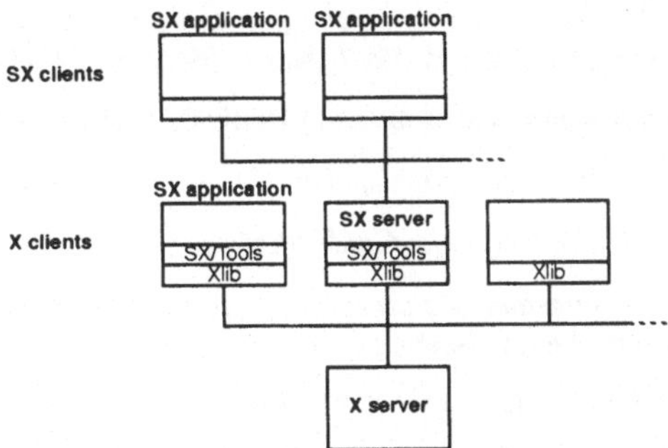

Figure 6. Multiple application interface to SX/Tools

trol systems. The current version of the system can be used comfortably to design complex user interfaces. Specific tools like object browsers have been implemented to ease the designer's task. Our evaluation of the prototype has been positive so far. The amount of time required for the design of user interfaces can be cut down considerably and the resulting interfaces show a high degree of homogeneity. The experiences gained during its development and the first use encourage further work on SX/Tools. Current work covers the realization of an SX-based authoring system for CBT and the implementation of a multimedia time-line editor. The next steps in the development of SX/Tools include a complete integration into OSF/Motif, further integration of multimedia techniques, and a thorough evaluation of the ergonomic properties of the UIMS.

5 Concluding Remarks

This paper has attempted to point out some markedly important requirements of user interface management. In particular, the growing variety of interaction media and techniques as well as the current trend to a higher degree of end-user participation in the design process of user interfaces have to be taken into account. Thus, a model covering all the aspects of complex interfaces and their design, but, on the other hand, being as simple as possible is needed.

The principle of direct composition is considered to be such a simple design model which can serve as a basis for appropriate architectures of user interface design environments. The main characteristic of an environment following the direct composition approach is the holistic view of *what* is to be designed, *when* it is designed (*at which stage* in the development process), and *by whom*.

Although direct composition UIMSs do not fulfil all the requirements mentioned in this paper, they are an important step towards comprehensive but, nevertheless, easy-to-use user interface design environments.

References

1. Fischer, G. and Girgensohn, A. *End-User Modifiability in Design Environments*. In: CHI '90 Conference Proceedings, 1990, pp. 183-190.

2. Green, M. *Report on Dialogue Specification Techniques*. In: [10], pp. 9-20.

3. Green, M. *A Survey of Three Dialogue Models*. ACM Trans. Graphics 5, 3 (July 1986), pp. 244-275.

4. Kühme, Th., Hornung, G. and Witschital, P. *Conceptual models in the design process of direct manipulation user interfaces*. In: H.-J. Bullinger (ed.): *Human Aspects in Computing: Design and Use of Interactive Systems and Work with Terminals*. Proceedings of the HCI International '91, Stuttgart, F.R.G., Elsevier, 1991, pp. 722-727.

5. Myers, Brad A. *User-Interface Tools: Introduction and Survey*. IEEE Software 6, 1, 1989, pp. 15-23.

6. Myers, Brad A. *Creating User Interfaces Using Programming by Example, Visual Programming and Constraints*. ACM Trans. Prog. Lan. & Sys. 12, 2 (April 1990), pp. 143-177.

7. Nye, Adrian (ed.). *X Protocol Reference Manual*. O'Reilly & Associates, Inc., 1990.

8. Open Software Foundation: *OSF/Motif Programmer's Guide*. Prentice Hall, 1990.

9. Open Software Foundation: *OSF/Motif Style Guide*. Prentice Hall, 1990.

10. Pfaff, Günther E. (ed.). *User Interface Management Systems*. Proceedings of the Workshop on User Interface Management Systems held in Seeheim, FRG, November 1-3, 1983, Springer, Berlin, 1985.

11. Scheiffler, Robert W. and Gettys, Jim. *The X Window System*, ACM Trans. Graphics 5, 2 (April 1986), pp. 79-109.

12. Shneiderman, Ben. *Direct Manipulation: A Step Beyond Programming Languages*, IEEE Computer 16, 8 (August 1983), pp. 57-69.

13. Weinand, A., Gamma, E. and R. Marty: *ET++ - An object oriented Application Framework in C++*, OOPSLA '88 Conference Proceedings, SIGPLAN Notices, Vol.23, Nr. 11, ACM Press

THESEUS++
Ein objektorientiertes, constraint-basiertes Benutzungsoberflächen-Werkzeug

Dennis Dingeldein
Zentrum für Graphische Datenverarbeitung e.V.
Wilhelminenstraße 7
6100 Darmstadt
dingelde@igd.fhg.de

Zusammenfassung

Mit *THESEUS++* können komplexe, direkt-manipulative graphische Benutzungsoberflächen entworfen und modifiziert werden.

THESEUS++ bietet Dialogentwerfer und Benutzer eine gemeinsame Menge von Metaphern. Dazu modelliert *THESEUS++* das Problemfeld „Interaktion". Dialoge sind in Teildialoge strukturiert, ein Teildialog wird durch eine bestimmte Benutzeraktion abgeschlossen, ein Dialog kann gesperrte Teildialoge enthalten etc. Diese Konzepte sind dem Benutzer genauso bewußt wie dem Dialogentwerfer. *THESEUS++* bietet Mechanismen zur Dialogbeschreibung auf diesem Niveau in Form von Methoden, Komponenten und Attributen an.

Mit *THESEUS++* ist eine flexible Trennung von Anwendung und Benutzungsoberfläche möglich. Es bietet ein Beschreibungsmodell für die getrennte Definition von elementaren Komponenten einer Interaktion. Damit können Dialogteile, die unabhängig von der Anwendung sind, getrennt von Dialogteilen, die semantisches Feedback erfordern, beschrieben werden. Eine hohe Flexibilität wird dadurch erreicht, daß die Beschreibung der dialogabhängigen Funktionalität auf hohem Abstraktionsniveau erfolgt, während semantisches Feedback auf einem von der Anwendung gewünschten Niveau durchgeführt werden kann.

THESEUS++ entlastet die Anwendung durch Übernahme von Funktionalität. Die Aufteilung der Funktionalität einer Interaktion in Komponenten macht es möglich, Anwendungsmethoden ohne dialogspezifische Methoden und damit unabhängig von der Realisierung des Dialoges zu definieren. Die Verwaltung des Dialoges wird von *THESEUS++* durchgeführt, statt, wie bei herkömmlichen Toolkits, von der Anwendung. Mittels Constraints können geometrische Beziehungen zwischen Präsentationen festgelegt werden, für deren Einhaltung *THESEUS++* sorgt.

THESEUS++ ist erweiterbar. Anpaßbarkeit (*Customizing*) und Erweiterbarkeit sind durch die Realisierung von des Systems als Klassenbaum möglich. Die Vererbung von Funktionalität und Eigenschaften erlaubt eine einfache Wiederverwendbarkeit (*Reusability*).

1 Motivation

Gewöhnliche User Interface Toolkits bieten dem Dialogentwerfer andere Metaphern als dem Anwender und wenig Unterstützung beim inkrementellen Entwurf.

Der Entwurf von graphischen Benutzungsoberflächen ist aufwendig und nichttrivial. Das klassische Zyklenmodell des Software-Engineering geht von einer klar definierten Aufgabenstellung aus und bietet Mechanismen an, diese zu lösen. Der Entwurf einer Benutzungsoberfläche bedeutet aber häufig die Notwendigkeit zu wiederholtem *Redesign* während des Entwicklungsprozesses. Die

Verwendung eines Prototypen und ein inkrementeller Entwurfsvorgang wird als angemessene Alternative beim Entwurf einer Benutzungsoberfläche angesehen [2],[3]. Die Prototypfähigkeit eines Toolkits erfordert:

- die Möglichkeit zum hinreichend schnellen Erstellen und Ändern eines Prototyps (*Rapid Prototyping*).

- die Metaphern von Anwender und Dialog-Entwerfer sollten ähnlich oder gleich sein. Anhand dieser Metaphern kommunizieren beide über den Prototypen. Bei unterschiedlichen Metaphern wird die Kommunikation erschwert [10].

Beide Forderungen werden von üblichen Toolkits nicht erfüllt. Die Mittel eines Toolkits zur Dialogbeschreibung sind technischer Art; sie dienen der Definition von *Layout*-Daten und der Anbindung des Anwendungscodes an die Objekte des Toolkits („*Callbacks*").

THESEUS++ bietet dem Dialogentwerfer Mechanismen zur Definition des Dialoges auf der Ebene einer abstrakten Dialogbeschreibung an. Der Anwender kann meist nur auf einer allgemeinen und eher abstrakten Ebene über den Dialog Aussagen machen. Somit sind die Metaphern beider Personen sehr ähnlich. Eine einfache und fruchtbare Kommunikation zwischen Benutzer und Dialogentwerfer anhand eines Prototypen wird somit möglich.

Es existiert ein Gegensatz zwischen gewünschter Performanz und angestrebter Trennung von User Interface und Anwendung.

Interaktionen mit einem graphischen System können tendenziell zwei gegensätzlichen Fällen zugeordnet werden:

- die die Interaktion begleitenden Systemreaktionen sind unabhängig von der Anwendung, d.h. es müssen keine Anwendungsmethoden zur Durchführung der Interaktion aufgerufen werden. Eine lockere Kopplung von User Interface und Anwendung ist möglich.

- die die Interaktion begleitenden Reaktionen führen zum Aufruf von Anwendungsmethoden. Bei kontinuierlich rückgekoppelten Interaktionen (wie *Dragging* oder *Stretching*) ist eine annehmbare Performanz nur durch eine möglichst enge Kopplung von Benutzungsoberfläche und Anwendung möglich.

Der UIMS-Ansatz [9] strebt eine Realisierung aller Interaktionen an, die eine Anbindung der Eingabevor- und Eingabenachbereitung an eine Interaktion nur über das UIMS-Laufzeitsystem erlaubt. Das Laufzeitsystem stellt für Interaktionen, die große Datenmengen erzeugen, einen Flaschenhals dar.

Der Toolkit-Ansatz erzwingt eine enge Kopplung von Benutzungsoberfläche und Anwendung, indem Anwendungs- und Dialogverwaltungscode eng miteinander verknüpft werden [5]. Die enge Verknüpfung bringt schwere Nachteile, z.B. bezüglich der Wartbarkeit der erstellten Software.

THESEUS++ erlaubt die getrennte Definition von elementaren Komponenten einer Interaktion. Dadurch ist der Grad der Kopplung von Benutzungsoberfläche und Anwendung variabel.

Übliche Toolkits zwingen zu Vermischung von Anwendungs- und Benutzungsoberflächen-Code und bieten eine zu niedrige Funktionalität an, wodurch die Anwendung mit zusätzlichem Code belastet wird.

Bis zu 50-80 % einer graphisch-interaktiven Anwendung besteht aus Code zur Dialogverwaltung (z.B. [5]). Die Realisierung des Dialoges, also der Code zur Dialogverwaltung, ist beim Toolkit-Ansatz häufig völlig über die Anwendung verteilt [4]. Dies bedeutet für die erstellte Software u.a. schlechte Wartbarkeit, hohe Fehleranfälligkeit und kaum Möglichkeiten für eine Wiederverwendbarkeit von Komponenten [5].

Die niedrige Funktionalität, die herkömmliche Toolkits (wie OSF/Motif oder auch InterViews) bieten, zwingt den Anwendungsprogrammierer zur Implementierung von Funktionalität, die durchaus auch das Toolkit übernehmen könnte [4], [6], [8].

THESEUS++ verhindert durch die getrennte Definition von elementaren Komponenten einer Interaktion (wie *Prompt* und *Feedback*) die Vermengung von Code zur Dialogverwaltung und Anwendungscode. Es bietet mit Kompositionsmechanismen für Interaktionen und Constraints für Präsentationen spezifische Funktionalität, die die Anwendung entlastet.

Toolkits sollten einfach erweiterbar und anpaßbar sein.
Eine allgemeine Forderung an Toolkits ist die Fähigkeit zur Erweiterung und zur Anpaßbarkeit. Diese Fähigkeit ermöglicht die Durchführung der folgenden Aufgaben:

- Einbringung neuer Funktionalität

- Ändern bestehender Funktionalität

und unterstützt sie durch:

- Konsistenz zwischen neuer und bestehender Funktionalität

- Wiederverwendbarkeit (*Reusability*) bestehender Funktionalität

THESEUS++ ist als C++-Klassenbaum realisiert. Subklassenbildung und damit der Schlüssel zur Wiederverwendbarkeit ist paradigmatisch in der Implementierungssprache enthalten. Die Verfügbarkeit des Sourcecodes von *THESEUS++* unterstützt die Wiederverwendbarkeit.

2 Grundlegende Konzepte von THESEUS++

Das zentrale Element in *THESEUS++* ist das Objekt. Mit Objekten können Interaktionen, Präsentationen und *Constraints* modelliert werden. Interaktionen beschreiben Interaktionstechniken und Mechanismen zur Strukturierung von Interaktionstechniken. Präsentationen visualisieren Zustände, Beziehungen oder Objekte der Anwendung. Constraints definieren und erhalten Beziehungen zwischen Präsentationen.

Eine Anwendung definiert die Präsentationen sowie die Interaktionen, die dann von *THESEUS++* verwaltet und weitgehend selbstständig abgearbeitet werden. Ein durchgehendes Prinzip in *THESEUS++* besteht darin, aus einer begrenzten Menge elementarer Klassen mit Hilfe von Kompositionsmechanismen Anwendungen die Möglichkeit zu geben, aus den Elementar-Instanzen höhere und komplexere Instanzen zu bilden und diese dann gegebenenfalls auch in Form neuer Klassen wiederum in das System einzubringen und es so zu erweitern.

Konzeptionell werden alle Interaktionen von einer *THESEUS++*-Sub-Komponente, der Interaktionsverwaltung, und alle Präsentationen und *Constraints* von einer weiteren Sub-Komponente, der Präsentationsverwaltung, angeboten. Die beiden Komponenten sind innerhalb der Klassenhierarchie streng voneinander getrennt, jedoch zur Laufzeit eng miteinander verzahnt, da die Interaktionsverwaltung auf verschiedenen Ebenen Rückkopplungsanforderungen an die Präsentationsverwaltung sendet. Die Gesamtarchitektur von *THESEUS++* ist in Abbildung 1 dargestellt.

3 Die Interaktionsverwaltung

Die Interaktionsverwaltung von *THESEUS++*[1] bietet der Anwendung einen Baum von *Interaktionsklassen* an. Jede dieser Klassen modelliert eine spezifische *Interaktionstechnik* und die graphische Ausgabe zur Vor- und Nachbereitung der Interaktion. Die Handlung, die ein Benutzer vollziehen muß, um eine Interaktion abzuschließen, der *Trigger*, legt die Klasse einer Technik fest.

Der Trigger ist z.B. bei einer Menü-Interaktion die Auswahl eines Menü-Eintrags.

---

[1]Die grundlegenden Konzepte der Interaktionsverwaltung wurden von Hübner in [4] entwickelt.

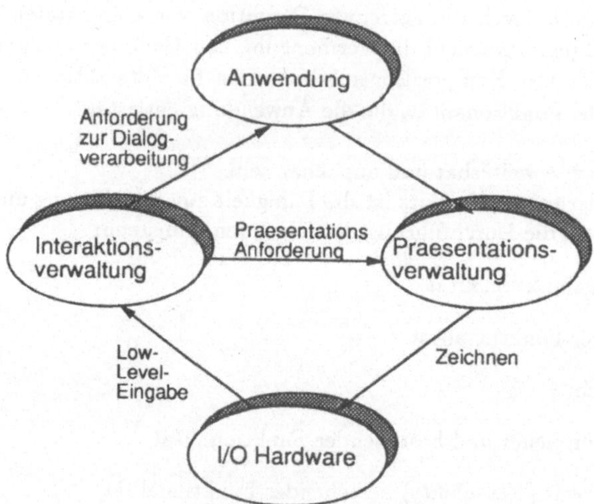

Abbildung 1: Gesamtarchitektur von *THESEUS++*

In *THESEUS++* werden die Instanzen von Interaktionsklassen *Interaktionen* genannt. Interaktionen modellieren somit Interaktionstechniken.

Die Wurzel des Baumes von Interaktionsklassen, die Klasse *UIInteractionObject*, legt eine allen Interaktionen gemeinsame Grundstruktur fest. Diese Grundstruktur definiert *Komponenten*, *Attribute* und das grundlegende *Verarbeitungsschema* aller Benutzereingaben.

Komponenten dienen der Anbindung von anwendungsspezifischer und dialogspezifischer Funktionalität, Attribute der Parametrisierung von Eigenschaften. Das Verarbeitungsschema legt fest, in welcher Art die Komponenten ausgewertet werden.

Eine Interaktion kann *gestartet* werden, sie ist dann *aktiv*. Eine aktive Interaktion ist ausführbar und durch einen Trigger ausgelöst (*getriggert*) werden.

Interaktionen, die mit einer elementaren, nicht weiter teilbaren Aktion getriggert werden können, sind *Basis-Interaktionen*.

> Basis-Interaktionen sind z.B. Button-Eingaben, Bewegung von graphischen Objekten oder Eingabe von Zahlenwerten.

Jeder Dialog kann als Hierarchie von Teildialogen gesehen werden. Von den Blättern einer solchen Hierarchie zur Wurzel hin nimmt der Grad der Abstraktion zu. *THESEUS++* bietet das Konzept der *komplexen Interaktion* an, mit dem vorhandene Abstraktionsebenen des Dialoges direkt als Interaktionen modelliert werden können. Komplexe Interaktionen besitzen andere Interaktionen (Teildialoge) als Elemente. Es können beliebig viele Dialoge bzw. Teildialoge gleichzeitig aktiv sein.

Komplexe Interaktionen besitzen als zusätzliches Attribut *Operatoren*. Anhand der Operatoren wird beim Starten eines komplexen Objektes über die Menge der zu startenden Elemente und beim Triggern von Elementen über den eigenen Trigger-Wert entschieden.

Komplexe Interaktionen sind getriggert, wenn die logische Verknüpfung der Trigger-Werte ihrer Elemente den Wahrheitswert **True** ergibt.

Mögliche Operatoren sind *AND, OR, SEQUENCE, REPEAT*.

> Eine Menü-Interaktion läßt sich als komplexe Interaktion mit dem *OR*-Operator und Knöpfen als Elemente modellieren. Das Starten der Menü-Interaktion bewirkt ein Starten aller Söhne, das Triggern eines beliebigen Sohnes bewirkt das Triggern der Menü-Interaktion.

Durch die inkrementelle Hierarchisierung von einfachen Interaktionen zu komplexeren Interaktionen entsteht ein Interaktionsbaum, der *topologische Baum*. Dieser beschreibt alle definierten Interaktionen eines Teildialogs. Die Teilmenge des topologischen Baumes, die sich durch das Starten der Wurzel dieses Baumes und der Auswertung der Operatoren durch die komplexen Interaktionen innerhalb des Baumes ergibt, ist der *aktive Baum*, der alle zulässigen Interaktionen beschreibt. Eine Gegenüberstellung beider Baumtypen ist in Abbildung 2 dargestellt.

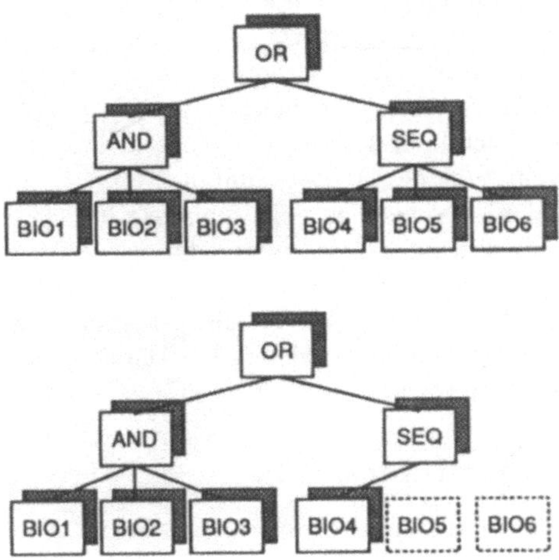

Abbildung 2: Der topologische (oben) und der zugehörige aktive Baum

3.1 Attribute einer Interaktion

Attribute steuern das Verhalten einer Interaktion. Attribute sind als Flags realisiert. Die meisten Attribute können mit passenden Methoden verändert werden, einige sind nur lesbar (*read only*).

Das Attribut *Active* (aktiv) wird von *THESEUS++* gesetzt, solange eine Interaktion aktiv ist. Der Anwender kann dieses Attribut durch Starten oder Stoppen der Interaktion nur indirekt beeinflussen.

Das Attribut *Enabled* (freigegeben) legt fest, ob eine Interaktion aktiviert werden kann. Nur freigegebene Interaktionen können gestartet und in den aktiven Baum übernommen werden. Damit können Interaktionen dynamisch der Auswahl des Benutzers entzogen werden. Der Zusammenhang der Attribute *Enabled* und *Active* ist in Abbildung 3 dargestellt.

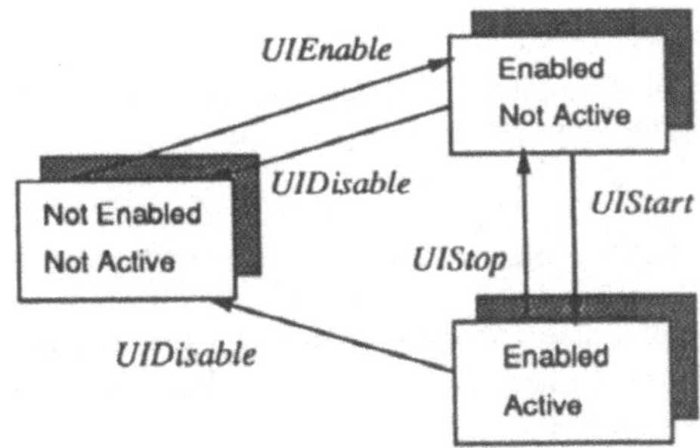

Abbildung 3: Zusammenhang der Attribute *Enabled* und *Active*

Das Attribut *Displayed* (sichtbar) wird von *THESEUS++* gesetzt, solange eine Interaktion sichtbar ist. Der Anwender kann dieses Attribut durch Aufruf von Methoden zum Anzeigen und Verbergen einer Interaktion nur indirekt beeinflussen.

Das Attribut *Displayable* (anzeigbar) legt fest, ob die Ausgabeobjekte einer Interaktion sichtbar gemacht werden können. Nur eine Interaktion, bei der dieses Attribut wahr ist, kann angezeigt werden.

Das Attribut *Triggered* („getriggert") wird von *THESEUS++* gesetzt, solange eine Interaktion getriggert, aber noch nicht neu gestartet wurde. Der Anwender kann dieses Attribut durch Triggern und Neustarten von Interaktionen nur indirekt beeinflussen.

Das Attribut *Repeatable* (wiederholbar) legt fest, ob sich eine aktive Interaktion nach dem Triggern aus dem aktiven Baum entfernt (deaktiviert) oder aktiv bleibt. Damit können Interaktionen wie ein Hilfe-Dialog modelliert werden, die während einer ganzen Dialogphase auswählbar sind.

Das Attribut *Cut* (schneiden) legt fest, ob eine getriggerte Interaktion eine Trigger-Botschaft an den Vater sendet. Damit lassen sich Interaktionen modellieren, die zwar auswählbar sind, aber beim Triggern nicht zu einer Fortschaltung des Dialoges führen.

Das Attribut *Sleep* (schlafen) legt fest, ob eine komplexe Interaktion Trigger-Botschaften von Söhnen annimmt. Damit lassen sich Interaktionen modellieren, die zwar mehrere aktive Teildialoge besitzen, deren Triggern aber zu keiner Weiterentwicklung des Dialoges führt.

Das Attribut *Talkative* (geschwätzig) legt fest, ob eine getriggerte Interaktion die bei der Eingabe entstehenden Daten (die *Story*) an den Vater weitergibt. Damit können die relevanten Daten, die ein Teildialog liefert, ausgewählt werden.

3.2 Komponenten einer Interaktion

Je nach Klasse sind die Komponenten unterschiedlich vordefiniert. Sie können von der Anwendung erweitert oder auch ganz neu belegt werden. Komponenten sind als Listen von Objekten, die eine Funktion ausführen können (*Functoids*), definiert.

Der Prompt beschreibt die graphische Ausgabe zur Eingabevorbereitung. Er zeigt an, daß eine Interaktion gestartet wurde und aktiv ist. Der Prompt wird durch anwendungsunabhängige Methoden realisiert. Er kann auch zur Initialisierung von objektlokalen Daten dienen.

Der Prompt einer *Pick*-Interaktion kann eine geänderte Darstellung des graphischen Cursors sein.

Der Trigger ist eine spezielle Komponente, die als Klassenvariable nicht geändert werden kann. Er beschreibt die physikalische Benutzeraktion, die erforderlich ist, um eine aktive Interaktion abzuschließen. Der Trigger kann jedoch in manchen Fällen parametrisiert werden.

Der Trigger der Klasse *Enter Area* ist durch die Benutzeraktion *Betreten eines definierten Bereiches* festgelegt. Der Trigger kann jedoch durch die Geometrie des Bereiches parametrisiert werden.

Das Feedback beschreibt die graphische Ausgabe zur Eingabenachbereitung. Es zeigt an, daß eine aktive Interaktion getriggert wurde. Das Feedback wird durch anwendungsunabhängige Methoden realisiert.

Das Feedback einer *Pick*-Interaktion kann ein *Highlighting* der selektierten Objekte sein.

Die Semantik beschreibt den dialogunabhängigen Teil der Anwendung. Dies ist die Anwendungsmethode, die von der zugehörigen Interaktion ausgeführt wird, wenn sie getriggert wurde. Ihr stehen die bisher im Dialog angesammelten Eingabedaten zur Verfügung.

Die Dynamik beschreibt dynamische Änderungen des Dialoges. Sie überprüft die Gültigkeit des momentanen Dialoges und ändert gegebenenfalls die Struktur.

Eine Interaktion hat über die Semantik-Komponente alle Objekte einer Anwendung gelöscht. Ein Menü, das Manipulationen dieser Objekte erlaubte, wird folgerichtig von der Dynamik-Komponente dieser Interaktion gesperrt.

3.3 Die Story einer Interaktion

Die *Story* (Geschichte) einer Interaktion verwaltet die beim Triggern entstehenden Eingabedaten. Für jede Interaktionsklasse existiert prinzipiell eine eigene *Storyklasse*. Alle diese Klassen sind in einem eigenen Klassenbaum organisiert. Komplexe Interaktionen sammeln die Stories ihrer Söhne an und geben diese beim Triggern als ihre eigene Story frei. Die Story ist nur zwischen dem Triggern und dem erneuten Starten einer Interaktion definiert. Durch Übernahme der Verwaltung der Eingabedaten wird die Anwendung weiter entlastet.

> Eine typische Interaktionsfolge bei direkt-manipulativen Oberflächen ist die Selektion einer Teilmenge aus einer gegebenen Menge von Objekten und einer sich daran anschließenden Operation auf der Selektion. Durch Definition der beiden Teildialoge „Auswahl von Objekten aus einer Menge" und „Anwenden einer Operation auf Objekten einer Menge", die über die Story des ersten Teildialogs verbunden sind, kann der Dialog durchgeführt werden, ohne daß die Anwendung die im ersten Teildialog angefallenen Daten selbst verwalten muß.

3.4 Das Verarbeitungsschema einer Interaktion

Die Komponenten einer Interaktion werden bei der Ausführung des Dialoges in einem festen Schema verarbeitet. In der Regel führt das Starten eines Dialoges zu einer Menge von aktiven Interaktionen. Alle diese Interaktionen arbeiten ihre Schemata asynchron ab. Der Gesamtdialog ergibt sich aus der Kombination der Schemata aller aktiven Interaktionen.

Nach dem Starten wird der Prompt einer Interaktion ausgeführt. Das Triggern der Interaktion durch den Benutzer führt zur Ausführung des Feedbacks und der Semantik. Anschließend ermittelt *THESEUS++* den durch die Interaktion entstehenden neuen aktiven Baum und führt zuletzt die Dynamik der Interaktion aus.

Innerhalb des Verarbeitungsschemas werden die Attribute einer Interaktion ausgewertet. Wiederholbare Interaktionen bleiben auch nach dem Triggern im aktiven Baum. Interaktionen, die durch Ausführen einer Dynamik gesperrt werden, entfernen sich aus dem aktiven Baum. „Geschwätzige" Interaktionen versenden ihre Stories an vorhandene Väter usw.

In Bild 4 ist das Schema für eine einzelne Interaktion dargestellt.

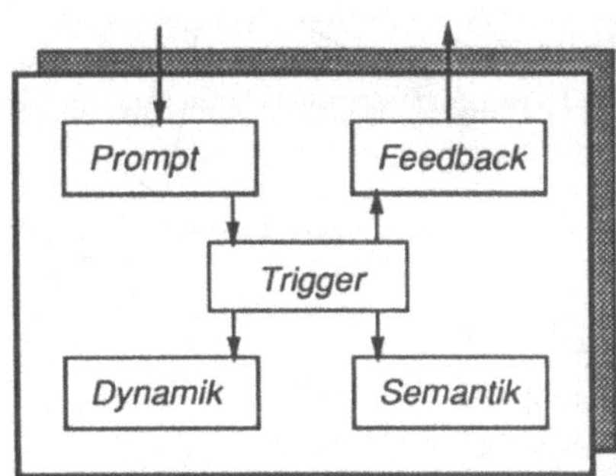

Abbildung 4: Das Verarbeitungsschema einer Interaktion

4 Die Präsentationsverwaltung

Die Präsentationsverwaltung von *THESEUS++* wurde bereits in [7] vorgestellt. Im folgenden werden daher deren Konzepte verkürzt erläutert.

Die Präsentationsverwaltung bietet der Anwendung *Präsentationen* und *Constraints*. Beide Konzepte sind in Klassenbäumen modelliert. Präsentationen sind graphische Repräsentationen von

Objekten der Anwendung und sind die mit *THESEUS++* generell darstellbaren Elemente. Alle Präsentationen besitzen Komponenten wie Geometrie und graphische Attribute. Die Priorität einer Präsentation steuert deren Darstellung und ordnet überlappende Präsentationen in der dritten Dimension ($2\frac{1}{2}$D). Dynamische Layoutbeziehungen zwischen Präsentationen können mit Constraints modelliert werden. Durch die Realisierung des gewünschten Layouts ohne Aufruf der Anwendung wird das Prinzip der *Direkten Manipulation* unterstützt. Strukturelle Beziehungen zwischen Präsentationen werden über *komplexe Präsentationen* realisiert.

Basis-Präsentationen korrespondieren prinzipiell zu den in graphischen Normen wie *GKS* oder *PHIGS* vorhandenen *Primitiven*.

> Basis-Präsentationen sind z.B. Linien-, Flächen-, Text- und Markierungs-Objekte.

Eine *komplexe Präsentation* ist rekursiv als Hierarchie von Präsentationen definiert. Mit komplexen Präsentationen können Teilebeziehungen im Sinne einer *Is-Part-Of*-Relation und globale Steuerungen von Aspekten (wie Attribute) beschrieben werden. Dazu besitzen sie als Attributmenge die Vereinigung aller Attributklassen. Definierte Attribute einer komplexen Präsentation *übersteuern* die Attribute der Söhne.

> Mit der Übersteuerung von Attributen können komplexe Präsentationen als Ganzes attributiert werden, beispielweise für ein Hervorheben (*Highlighting*) des Objektes.

Durch die wiederholte Hierarchisierung von Präsentationen entsteht der *Darstellungsbaum*. Es können gleichzeitig mehrere Darstellungsbäume existieren. Die Wurzel eines Darstellungsbaumes ist ein Fensterobjekt, die Innenknoten sind komplexe Präsentationen und die Blätter des Baumes Basis-Präsentationen.

4.1 Geometrien

Geometrien sind Objekte, mit denen die interne Struktur von Basis-Präsentationen festgelegt wird. Sie beschreiben außerdem geometrische Hilfsstrukturen wie z.B. Klipp-Regionen. Geometrien sind als Mengen von *Kurven* definiert. Kurven sind Punktmengen mit einem definiertem Anfangs- und Endpunkt. In *THESEUS++* sind Kurven als Funktion auf einer Menge von *Atomen* definiert. Jede Kurve besitzt mehrere mögliche Parametrisierungen, von denen eine als *Referenzparametrisierung* ausgezeichnet ist. Die möglichen Parametrisierungen sind mittels Constraints ineinander überführbar.

> Eine Präsentation der Klasse *Liniensegment* kann beispielsweise auf folgende Arten parametrisiert werden:
>
> Liniensegment(Anfangspunkt, Endpunkt),
> Liniensegment(Anfangspunkt, Vektor),
> Liniensegment(Anfangspunkt, Länge, Richtung).

Geometrien können klassenspezifische Constraints besitzen.

> Die Klasse *Quadrat* unterscheidet sich z.B. von der Klasse *Rechteck* nur durch ein zusätzliches Constraint, das die Gleichheit aller vier Kanten fordert.

Bei Änderung von Komponenten einer Geometrie werden davon abhängige Komponenten über diese Constraints automatisch mitverändert.

> Wird bei der Klasse *Quadrat* die Kantenlänge irgendeiner Kante verändert, so bewirkt ein klassenspezifisches Constraint die analoge Änderung für die restlichen Kanten des Quadrats.

4.2 Attribute einer Präsentation

Diese Komponenten dienen der Steuerung nichtgeometrischer Eigenschaften von Präsentationen wie Linienstärke oder Zeichenfarbe. Attribute sind in einem Klassenbaum modelliert und korrespondieren zu den zugeordneten Präsentationen. Attribute können instanziiert, modifiziert und erfragt werden. Constraints können auch auf Attributen definiert werden.

4.3 Repräsentationen

Repräsentationen erlauben mehrere Sichten auf dasselbe Objekt. Sie sind Kopien einer komplexen Präsentation, des „Originals". Sie unterscheiden sich nur in wenigen Darstellungsparametern (wie Position, Größe und einzelnen Attributen) von ihrem Original. Das Original ist die *Referenz* der Repräsentation. Die interne Struktur von Repräsentationen ist physisch identisch mit der Referenz. Die Verbindung beider Objekte erfolgt durch eine *Transformationsmatrix*. Daher bieten Repräsentationen im Vergleich zu Referenzen nur eingeschränkte Funktionalität. So sind z.B. keine Constraints auf Repräsentationen definierbar, da die notwendigen Datenstrukturen nicht in der Repräsentation selbst verwaltet werden. Für Daten, die die Repräsentation selbst verwaltet, z.B. eigene Attribute, können hingegen Constraints definiert werden.

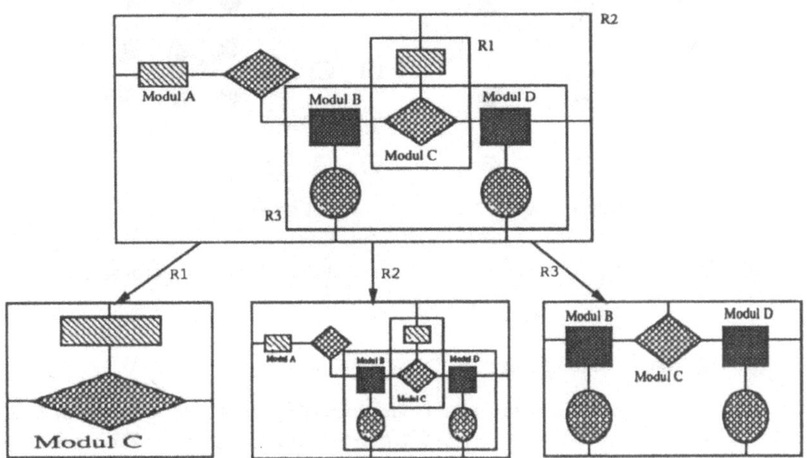

Abbildung 5: Mehrere Repräsentationen einer Präsentation

4.4 Constraints

Constraints beschreiben und verändern Beziehungen zwischen Präsentationen und Beziehungen zwischen Attributen von Präsentationen. Die Anwendung beschreibt dazu die gewünschten Beziehungen, die dann von *THESEUS*++ erfüllt, d.h. logisch wahr gehalten werden. Die Constraints von *THESEUS*++ sind bidirektional.

Konzeptuell gilt, daß nur für einen Constraint, der *aktiv* ist, seine Relation erfüllt werden muß. Ein Constraint kann *bedingt* sein, d.h. abhängig vom Wahrheitswert eines bedingten Ausdrucks wird ein Constraint als aktiv angenommen oder nicht.

Das Setzen eines Constraints geschieht durch Instanziierung aus der gewünschten Constraintklasse.

Die Befriedigung eines Constraints ist die Wiederherstellung von getroffenen Beziehungen. Diese wird durch Zustandsänderungen von Objekten oder das Erzeugen bzw. Löschen anderer Constraints angestoßen. Im ersten Falle werden dabei die Zustandsänderungen des auslösenden Objektes durch die Befriedigung nicht mitgeändert. Wenn aktive Constraints durch eine Zustandsänderung nicht einzuhalten sind, wird die Änderung zurückgewiesen.

Daten-Constraints sind auf graphischen Atomen (Punkte, Skalare und Vektoren), Objektdaten und Objekten definierbar. Solche Constraints drücken Beziehungen wie *Parallelität zweier Geraden* oder *Horizontalität einer Geraden* aus und lassen sich über *Term-Constraints* (zweistellige Beziehung zwischen Termen) zu komplexeren mathematischen Ausdrücken strukturieren.

Höhere Constraints sind auf anderen Constraints definiert und verknüpfen diese über Operatoren. In *THESEUS++* sind bisher die Operatoren *AND* und *OR* realisiert. Diese Operatoren sind zum einen sehr mächtig, zum anderen aber sehr allgemein.

> Ein *OR*-Constraint ist erfüllt, wenn eines seiner Elemente erfüllt ist. Wenn für mehrere Elemente eine Constraint-Befriedigung erreichbar ist, so kann über Prioritäten gesteuert werden, welche der Lösungen bevorzugt angenommen wird.

Constraints erweitern schließlich die Definitionsmöglichkeit neuer Klassen um einen neuen Mechanismus. So läßt sich, z.B. eine Klasse *Quadrat* aus der vorhandenen Klasse *Rechteck* allein durch Hinzufügen eines einzigen Constraints, der die Gleichheit von Höhe und Breite des Rechtecks festlegt, erzeugen.

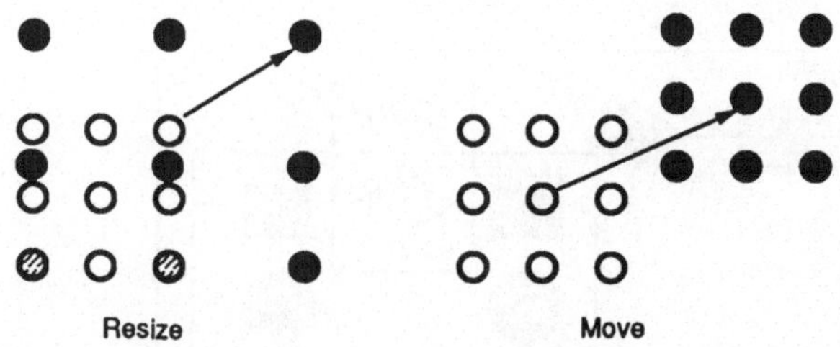

Abbildung 6: Die Anwendung von Constraints bei Fenster-Operationen

4.5 Constraint-Befriedigung

Durch die inkrementelle Hierarchisierung von Constraints entsteht der *Constraint-Graph*. Dieser wird von *THESEUS++* wahr gehalten, d.h. *THESEUS++* versucht bei einer Zustandsänderung eines beliebigen, in den Graphen involvierten Objektes, die durch den Baum definierten Beziehungen zu erfüllen.

Alle definierten Constraints (Daten-Constraints, höhere Constraints) werden intern auf Basis-Contraints abgebildet. Das Resultat dieser Abbildung ist ein System von Gleichungen und Ungleichungen. Die Constraint-Befriedigung bedeutet auf dieser Ebene das Finden einer Lösung des gegebenen Systems.

Daten-Constraints, die auf strukturierten Objekten wie Punkten, Geometrien und arithmetischen Termen definiert sind, werden auf elementare Constraints, die auf elementaren Datentypen (Ganzzahlen und Skalare) definiert sind, abgebildet. Konkret bedeutet dies, daß Constraints auf strukturierten Objekten auf mehrere Constraint-Gleichungen bzw. Ungleichungen ihrer skalaren Komponenten abgebildet werden. Constraints auf komplexen Datentypen wie Geometrien instanziieren intern Term-Constraints oder direkt elementare Constraints.

> Ein Constraint *Horizontalität einer Geraden* instanziiert intern einen elementaren Gleichheits-Constraint der Klasse *EqualCon* auf den Objekten Linie.Start.y und Linie.End.y.

Für die Befriedigung des Constraint-Graphen wird zunächst der Lösungsgraph ermittelt, d.h. der Teil des Graphen, für den eine Lösung gefunden werden soll. Dieser enthält z.B. nur die aktiven Constraints. Mit numerischen Verfahren (lokale Propagation und eventuell Relaxation nach dem

SOR-Verfahren) wird anschließend versucht, eine Lösung zu berechnen. Falls keine Lösung gefunden wird, stellt *THESEUS++* den ursprünglichen Zustand des Graphen wieder her und erzeugt eine Fehlermeldung. Wenn die Befriedigung durch Instanziierung eines neuen Constraints angestoßen wurde, wird im Falle keiner gefundenen Lösung die Installation der zugehörigen Gleichungen abgewiesen.

Das bisher implementierte Konzept für Constraints weist noch mehrere Schwächen auf. Nichtlineare Zusammenhänge sind problematisch, da die implementierten Relaxations-Verfahren keine globale Konvergenz besitzen. Es existieren keine Constraints, um trigonometrische Beziehungen direkt zu formulieren. C++ erlaubt es nicht, die Erzeugung eines Constraints zu unterbinden. Daher kann die Instanziierung eines Constraints, der nicht erfüllbar ist, nicht verhindert werden.

5 Implementierung

THESEUS++ ist in C++ unter Verwendung von *OSF/Motif* und dem *X Window System Release 5* realisiert. Die Interaktionsverwaltung bietet 13 vordefinierte Basis-Interaktionsklassen und neun vordefinierte komplexe Interaktionsklassen, die Präsentationsverwaltung 9 Präsentationsklassen, 9 Daten-Constraint-Klassen und 2 höhere Constraintklassen.

6 Anwendungen

Im Rahmen des Kooperationsprojektes *STONE*[2] wurden bisher unter Verwendung von *THESEUS++* ein *Application Framework* sowie ein universeller *Browser* für beliebige Objekte wie Dateien, Bilder oder Netzpläne entwickelt. Ein interaktiver *Interface Builder* ist in Arbeit. Bei diesen Anwendungen wurde die Brauchbarkeit der gewählten Konzepte mit gutem Erfolg nachgewiesen.

7 Ausblick

Ziele für die Weiterentwicklung von *THESEUS++* sind die Einführung von Persistenz für die Objekte von *THESEUS++* zur Erhöhung ihrer Lebensdauer über die Lebensdauer des Prozeßes der Anwendung hinaus, die Modellierungsmöglichkeit von (UNIX-)Prozessen und Interprozeßkommunikation durch die Einführung einer Prozeßinteraktionsklasse, sowie die Einführung eines Mechanismus' zur Klassengenerierung aus einer prototyphaften Instanz zur direkten Unterstützung des *Rapid Prototyping*. Eine Erweiterung auf dreidimensionale Präsentationen und Interaktionen und um Multimedia-Klassen zur Erschließung neuer Anwendungsklassen sollen folgen. Schließlich soll eine explizite Modellierung der *Event*-Schnittstelle als eigenständige Schicht zwischen *THESEUS++* und dem Basissystem mit dem Ziel, neue Eingabegeräte zu modellieren und allgemein Eingabegeräte zu simulieren, integriert werden.

Literatur

[1] Eckardt, D.; Jähnichen, S.; Koch, W. und andere. STONE - Ziele, Probleme, Lösungen. *Informatik Forschung und Entwicklung* **5**(4) 1990. S. 216-219.

[2] Fischer, Gerhard. Human-Computer Interaction Software: Lessons Learned, Challenges Ahead. *IEEE Software.* **6**(1) 1989. S. 44-52.

[3] Gayeski, Diane M. Rapid Prototyping: A New Model for Developing Multimedia. *Multimedia Review.* **2**(3) 1991. S. 18-23.

---

[2] *STONE* ist ein Kooperationsprojekt mehrerer wissenschaftlicher Einrichtungen der alten und neuen Bundesländer [1]. Es wird vom BMFT unter dem Förderkennzeichen ITS 9802 gefördert.

[4] Hübner, Wolfgang. *Entwurf graphischer Benutzerschnittstellen: Ein objektorientiertes Interaktionsmodell zur Spezifikation graphischer Dialoge*. (Reihe *Beiträge zur Graphischen Datenverarbeitung*, Band 9). München 1990.

[5] Lee, Ed. User-Interface Development Tools. *IEEE Software*. Mai 1990. S. 31-36.

[6] Lux, Gregor. *Graphische Ausgabe für Werkzeuge zur Entwicklung interaktiver Benutzerschnittstellen*. Diss., Technische Hochschule Darmstadt, 1991.

[7] Lux, Gregor. Objektorientierte Graphik-Ausgabe für Benutzerschnittstellen-Werkzeuge in: J. Encarnação (Hrsg.): *Proceedings der 21. GI-Jahrestagung, Informatik-Fachberichte*. Band 293, S. 488-497. Berlin 1991.

[8] Muth, Matthias. *Asynchrone Eingabeprozesse in graphisch-interaktiven Systemen*. Diss., Technische Hochschule Darmstadt, 1991.

[9] Pfaff, Gunther R. (Hrsg.). *User Interface Management Systems*. Berlin 1985.

[10] Thimbleby, Harold. *User Interface Design*. ACM Press Frontier Series. Reading, MA: 1990.